Erfolgreicher Einstieg ins professionelle E-Mail-Marketing

Martin Bucher · Katja Hänsler · Roman Schiffelholz · Michael Uhrich · Michael Waßmer

Erfolgreicher Einstieg ins professionelle E-Mail-Marketing

Wirkungsvolle E-Mail-Kampagnen selbst erstellen

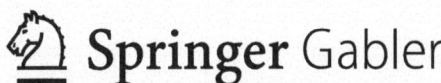

Martin Bucher
Inxmail GmbH
Geschäftsführung
Freiburg i. Br., Deutschland

Roman Schiffelholz
Michael Uhrich
Michael Waßmer
Inxmail GmbH
Freiburg i. Br., Deutschland

Katja Hänsler
Inxmail GmbH
Inxmail Academy
Freiburg i. Br., Deutschland

ISBN 978-3-658-14376-3   ISBN 978-3-658-14377-0 (eBook)
DOI 10.1007/978-3-658-14377-0

Die Deutsche Nationalbibliothek verzeichnet diese Publikation in der Deutschen Nationalbibliografie; detaillierte bibliografische Daten sind im Internet über http://dnb.d-nb.de abrufbar.

Springer Gabler
© Springer Fachmedien Wiesbaden 2016
Das Werk einschließlich aller seiner Teile ist urheberrechtlich geschützt. Jede Verwertung, die nicht ausdrücklich vom Urheberrechtsgesetz zugelassen ist, bedarf der vorherigen Zustimmung des Verlags. Das gilt insbesondere für Vervielfältigungen, Bearbeitungen, Übersetzungen, Mikroverfilmungen und die Einspeicherung und Verarbeitung in elektronischen Systemen.
Die Wiedergabe von Gebrauchsnamen, Handelsnamen, Warenbezeichnungen usw. in diesem Werk berechtigt auch ohne besondere Kennzeichnung nicht zu der Annahme, dass solche Namen im Sinne der Warenzeichen- und Markenschutz-Gesetzgebung als frei zu betrachten wären und daher von jedermann benutzt werden dürften.
Der Verlag, die Autoren und die Herausgeber gehen davon aus, dass die Angaben und Informationen in diesem Werk zum Zeitpunkt der Veröffentlichung vollständig und korrekt sind. Weder der Verlag noch die Autoren oder die Herausgeber übernehmen, ausdrücklich oder implizit, Gewähr für den Inhalt des Werkes, etwaige Fehler oder Äußerungen.

Gedruckt auf säurefreiem und chlorfrei gebleichtem Papier

Springer Gabler ist Teil von Springer Nature
Die eingetragene Gesellschaft ist Springer Fachmedien Wiesbaden GmbH

Vorwort

Ca. 4,4 Milliarden E-Mail-Accounts weltweit, 192 Milliarden versendete E-Mails pro Tag, davon 143 Milliarden Werbe-Mails: Die E-Mail lebt! 45 Jahre nach ihrer Geburtsstunde gilt die E-Mail als das wirksamste Werbemittel im Online-Marketing-Mix. Laut einer Studie der US-Unternehmensberatung McKinsey ist E-Mail-Marketing bei der Kundengewinnung sogar 40-mal effektiver als Facebook und Twitter zusammen. Darüber hinaus bietet dieses Marketinginstrument vielfältige Möglichkeiten: Vom klassischen Newsletter über Abverkauf-Mailings bis hin zu mehrstufigen Customer-Life-Cycle-Kampagnen.

Die Vorteile dieses Kanals liegen auf der Hand: Im Vergleich zu anderen Marketinginstrumenten entstehen beim E-Mail-Marketing geringe Kosten. Dem überschaubaren Aufwand steht ein enormer Nutzen gegenüber. E-Mail-Kampagnen haben eine große Reichweite und erzielen schnell ihren Erfolg. Dieser lässt sich zeitnah messen und der Return-On-Invest ist höher als bei anderen Online-Kanälen.

Ein entscheidender Erfolgsfaktor dabei sind die umfangreichen Personalisierungsmöglichkeiten: Die Empfänger lassen sich durch bestimmte Aktionen einfach in immer feinere, klar definierte Zielgruppen clustern. Das ist die Grundvoraussetzung für eine persönliche Ansprache der Empfänger, die von der Anrede über Produktempfehlungen bis hin zu Beiträgen, die nur speziellen Zielgruppen angezeigt werden, reichen kann. Ziel dabei ist, dass der Leser für ihn relevante Informationen im Mailing wiederfindet und dies mit hohen Öffnungs- und Klickraten belohnt. Dann ist auch eine Aktion wie Bestellung, Download oder Anmeldung nicht mehr weit und die Werbemaßnahme erfolgreich.

Wie Sie E-Mail-Marketing für sich nutzen können, erfahren Sie in diesem Buch. Es enthält das in jahrelanger Praxis gesammelte Wissen des international renommierten E-Mail-Marketingexperten Inxmail und bietet Ihnen wesentliche Grundlagen und wertvolle Tipps für Ihre eigenen E-Mail-Kampagnen. Im ersten Kapitel lernen Sie die Basics kennen: Welche unterschiedlichen Mailingarten gibt es? Was sind die rechtlichen Anforderungen? Was gilt es bei der Auswahl der Technologie zu beachten? Im zweiten Kapitel dreht sich alles um die Gestaltung, wobei unter anderem die Aspekte Format, Design und Personalisierung betrachtet werden. Was Sie über Mailingerstellung und Qualitätssicherung wissen müssen, erläutert das dritte Kapitel. Im Kapitel „Versand und Auswertung" finden Sie Tipps zum optimalen Versandzeitpunkt und alles Wichtige über das Controlling im E-Mail-Marketing. Im fünften Kapitel stellen wir Ihnen zwei Praxisbeispiele aus dem Alltag vor. Danach folgt im letzten Kapitel das Glossar, welches Ihnen nochmals die wichtigsten Begrifflichkeiten im E-Mail-Marketing erklärt.

Und nun viel Spaß beim Lesen und Stöbern. Lassen Sie sich von diesem Buch inspirieren!

Herzliche Grüße

Martin Bucher

Inhaltsverzeichnis

1	**Grundlagen**............	1
	Martin Bucher, Katja Hänsler, Roman Schiffelholz, Michael Uhrich, Michael Waßmer	
1.1	**E-Mail-Marketinggrundlagen**............	2
1.1.1	E-Mail-Marketing allgemein............	2
1.1.2	Standalone-Mailings............	2
1.1.3	Standard-Mailing (Newsletter)............	4
1.1.4	Mehrstufige E-Mail-Kampagnen............	4
1.1.5	Transaktions-Mailings............	4
1.1.6	Trigger-Mailings............	6
1.1.7	Evolutionsstufen............	8
1.1.8	Kriterien für eine gute E-Mail-Marketingsoftware............	10
1.2	**Rechtliche Grundlagen**............	12
1.2.1	E-Mail-Marketing............	12
1.2.2	Die wichtigsten Gesetze (UWG, TMG, BDSG)............	13
1.2.3	Anmeldeformular............	18
1.2.4	Weitere Arten der Adressgenerierung............	20
1.2.5	Anmeldung am Verteiler (Opt-In)............	24
1.2.6	Rechtliche Anforderungen eines Newsletters............	26
1.2.7	Abmeldung vom Verteiler (Opt-Out)............	26
1.2.8	Blacklist............	28
1.3	**Datenaustausch und Integrationen**............	29
1.3.1	Datenquellen der Empfängerdaten............	29
1.3.2	Connected E-Mail-Marketing............	29
	Literatur............	31
2	**Mailinggestaltung**............	33
	Martin Bucher, Katja Hänsler, Roman Schiffelholz, Michael Uhrich, Michael Waßmer	
2.1	**Mailingformate**............	35
2.1.1	Text............	35
2.1.2	HTML............	35
2.1.3	Multipart............	36
2.2	**So werden Ihre E-Mails gelesen**............	36
2.2.1	Mehr Leselust: So sagt Ihre E-Mail „Lies mich!"............	36
2.2.2	Motivierende Betreffzeilen............	38
2.2.3	Mit Editorial und Direktansprache gehen Sie auf den Leser zu............	38
2.2.4	Hervorheben und führen – denn Zeit ist Geld............	39
2.2.5	Weiterführende Links: „Mehr Tipps gibt's hier …"............	39
2.2.6	Verständlich bleiben ist das A und O!............	39
2.3	**Erstellung eines Textmailings in Inxmail Professional**............	41
2.3.1	Redaktion............	42
2.3.2	Prüfung............	44

2.3.3	Freigabe	44
2.3.4	Empfänger	44
2.3.5	Versand	44
2.3.6	Auswertung	45
2.4	**Newsletter-Design**	45
2.4.1	Newsletter Wahrnehmung	45
2.4.2	Newsletter Prozess aus Sicht des Empfängers	46
2.4.3	Landingpages (Zielseiten)	46
2.4.4	Newsletter	50
2.5	**Personalisierung**	58
2.5.1	Voraussetzungen	58
2.5.2	Personalisierungsmöglichkeiten	61
2.6	**Anzeigenplatzierung in Newslettern**	65
2.6.1	Newsletteranzeigen – Eine zusätzliche Umsatzquelle für E-Mail-Marketer	65
2.6.2	Anzeigenplätze in Newslettern vermarkten – Wie funktioniert das?	68
2.6.3	Lohnt sich das ausgabenbasiertes Anzeigenmanagement finanziell?	69
2.6.4	Anzeigenformate: Textanzeige, Bildanzeige und NativeAds	70
2.6.5	Software für den zeitsparenden und fehlerlosen Prozess der Anzeigenbuchung	71
2.7	**Templateprinzip**	73
2.7.1	HTML vs. Template	73
	Literatur	74
3	**Mailingerstellung und Qualitätssicherung**	**75**
	Martin Bucher, Katja Hänsler, Roman Schiffelholz, Michael Uhrich, Michael Waßmer	
3.1	**Newsletter-Redaktion**	76
3.2	**Qualitätssicherung**	76
3.2.1	Wichtigkeit von Testen und Optimieren	76
3.2.2	Inhaltstest inklusive Testversand	77
3.2.3	Qualitätstest: Spam meiden und Zustellbarkeit sichern	78
3.2.4	Qualitätstest: Phishing und ungültige Links vermeiden	82
3.2.5	Qualitätstest: Öffnungsrate ankurbeln und Abmelderate senken	84
3.2.6	Darstellungstest	88
3.2.7	Tipps zur Steigerung des Erfolgs Ihres E-Mail-Marketings	89
	Literatur	91
4	**Versand und Auswertung**	**93**
	Martin Bucher, Katja Hänsler, Roman Schiffelholz, Michael Uhrich, Michael Waßmer	
4.1	**Versand**	94
4.1.1	Der richtige Versandzeitpunkt	94
4.1.2	Versandfrequenz	97
4.1.3	Tipps zum Versand	99
4.2	**Auswertung**	100
4.2.1	Was kann gemessen werden?	100

Inhaltsverzeichnis

5	**Praxisbeispiele**	109
	Martin Bucher, Katja Hänsler, Roman Schiffelholz, Michael Uhrich, Michael Waßmer	
5.1	**Automatisiertes Messe-Einladungsmanagement spart Zeit und Geld**	110
5.1.1	Ziele der Kampagne	110
5.1.2	Beispiel Messe-Einladungskampagne	111
5.1.3	Mehrwert der Messe-Einladungskampagne	111
5.2	**Erfolgreiches E-Mail-Marketing bei BIKESportworld**	112
5.2.1	Neue Wege in Verkauf und Werbung	113
5.2.2	Gefüllte Warenkörbe dank verkaufsfördernder Maßnahmen	113
5.2.3	Spürbare Erfolge innerhalb kürzester Zeit	114
5.2.4	Fazit	115
6	**Glossar**	117
	Martin Bucher, Katja Hänsler, Roman Schiffelholz, Michael Uhrich, Michael Waßmer	

Grundlagen

Martin Bucher, Katja Hänsler, Roman Schiffelholz, Michael Uhrich, Michael Waßmer

1.1	**E-Mail-Marketinggrundlagen** – 2	
1.1.1	E-Mail-Marketing allgemein – 2	
1.1.2	Standalone-Mailings – 2	
1.1.3	Standard-Mailing (Newsletter) – 4	
1.1.4	Mehrstufige E-Mail-Kampagnen – 4	
1.1.5	Transaktions-Mailings – 4	
1.1.6	Trigger-Mailings – 6	
1.1.7	Evolutionsstufen – 8	
1.1.8	Kriterien für eine gute E-Mail-Marketingsoftware – 10	
1.2	**Rechtliche Grundlagen** – 12	
1.2.1	E-Mail-Marketing – 12	
1.2.2	Die wichtigsten Gesetze (UWG, TMG, BDSG) – 13	
1.2.3	Anmeldeformular – 18	
1.2.4	Weitere Arten der Adressgenerierung – 20	
1.2.5	Anmeldung am Verteiler (Opt-In) – 24	
1.2.6	Rechtliche Anforderungen eines Newsletters – 26	
1.2.7	Abmeldung vom Verteiler (Opt-Out) – 26	
1.2.8	Blacklist – 28	
1.3	**Datenaustausch und Integrationen** – 29	
1.3.1	Datenquellen der Empfängerdaten – 29	
1.3.2	Connected E-Mail-Marketing – 29	
	Literatur – 31	

1.1 E-Mail-Marketinggrundlagen

1.1.1 E-Mail-Marketing allgemein

E-Mail-Marketing ist keine alleinstehende Marketing-Disziplin, sondern eine Teildisziplin des Online-Marketings. Es handelt sich dabei in der Regel um Direkt- und Dialogmarketing per E-Mail. Dies bedeutet, dass die Empfänger vom Absender direkt angesprochen und zum Dialog aufgefordert werden.

E-Mail-Marketing bietet eine Vielzahl an technischen Möglichkeiten, um Zielgruppen direkt und persönlich mit individualisierten Inhalten anzusprechen. Dabei kann, im Rahmen der geltenden Gesetze, sowohl auf die Empfängerdaten als auch auf das Verhalten der Empfänger zurückgegriffen werden.

Da es sich beim E-Mail-Marketing auch um eine Form des Dialogmarketings handelt, werden die Empfänger meistens zur Reaktion – in der Regel zum Klicken auf einen oder mehreren Links – aufgefordert. E-Mail-Marketing ist ebenfalls ein ideales Instrument, um Kundenbeziehungen auf- und auszubauen. Im Rahmen des Kundenbeziehungsmanagements („Customer Relationship Management") lässt sich somit der maximale Wert der Kundenbeziehung („Customer Lifetime Value") ausschöpfen. Daher stellt sich die Frage: Welche Mailingarten gibt es eigentlich im E-Mail-Marketing?

1.1.2 Standalone-Mailings

Standalone-Mailings (siehe ◘ Abb. 1.1) sind das elektronische Pendant zu klassischen Direktmailings, nur dass der Empfänger die Botschaft nicht auf dem Postweg, sondern per E-Mail erhält. Der Versand erfolgt im Normalfall einmalig und ist meistens auf einen bestimmten Anlass bezogen.

Um die Reichweite der Aussendung zu vergrößern, erfolgt der Versand häufig auch an gemietete Verteiler. Beim sogenannten Letterbox-Verfahren vermietet der Eigentümer des Verteilers, der sogenannte Listeigner, Werbefläche in seinen Versendungen. Der Versand selbst erfolgt dabei durch den Listeigner, sodass der Werbetreibende keinen Zugriff auf die Empfängerdaten hat. Durch diese Vorgehensweise lassen sich sowohl sehr viele Empfänger als auch sehr spezielle Zielgruppen ansprechen.

Häufige Anwendungsfälle von Standalone-Mailings sind Sonder-Mailings, Einladungen zu Veranstaltungen, Leadgenerierung für Probefahrten etc.

1.1 • E-Mail-Marketinggrundlagen

◘ Abb. 1.1 Beispiel Standalone-Mailings

1.1.3 Standard-Mailing (Newsletter)

Newsletter (siehe ◘ Abb. 1.2) sind das am häufigsten eingesetzte Instrument im E-Mail-Marketing. Dabei gehen die Aussendungen an einen oder mehrere eigene Verteiler, die z. B. aus Kunden oder Interessenten bestehen.

Der Versand erfolgt, im Gegensatz zu Standalone-Mailings, meistens periodisch und mehr oder weniger regelmäßig. Die Versandintervalle sind dabei abhängig von der gewählten E-Mail-Marketingstrategie und typischerweise täglich, wöchentlich, vierzehntägig oder monatlich. Newsletter werden z. B. als Kundennewsletter, Pressenewsletter etc. eingesetzt.

1.1.4 Mehrstufige E-Mail-Kampagnen

Bei mehrstufigen E-Mail-Kampagnen (siehe ◘ Abb. 1.3) werden mehrere zusammengehörende Mailings in zeitlichem Abstand versendet. Die Versendungen bauen dabei aufeinander auf, sodass die einzelnen Mailings ein großes Ganzes ergeben. Der zeitliche Abstand der Aussendungen hängt von vorher festgelegten Parametern ab. So kann beispielsweise ein festes Zeitintervall (z. B. eine Woche) oder eine Empfängerreaktion (z. B. Öffnung eines vorhergehenden Mailings) den nachfolgenden Versand auslösen. Durch diese und viele weitere Einstellungsmöglichkeiten lassen sich komplexe Kampagnen verwirklichen. Mehrstufige E-Mail-Kampagnen eignen sich z. B. für Cross- und Up-Selling-Maßnahmen nach einem Produktkauf.

1.1.5 Transaktions-Mailings

Transaktions-Mailings (siehe ◘ Abb. 1.4) werden auch „ereignisgesteuerte" Mailings genannt. Diese werden nur an Empfänger versendet, die ein vorher festgelegtes Ereignis generiert haben. Ein Ereignis kann dabei z. B. der Einkauf in einem Online-Shop sein.

Nach Generierung des Ereignisses durch den Empfänger werden vorbereitete Mailings automatisch personalisiert und versendet. Der zeitnahe Erhalt des Mailings hilft, den Kunden von der Service-Qualität des Versenders zu überzeugen und Vertrauen aufzubauen.

1.1 • E-Mail-Marketinggrundlagen

Abb. 1.2 Beispiel E-Mail-Newsletter

 Abb. 1.3 Beispiel E-Mail-Serie

Häufig beinhalten Transaktions-Mailings Umfragen zur Serviceoptimierung und werden für Cross- und Up-Selling-Kampagnen eingesetzt. Weitere Anwendungsfälle sind Auftrags- und Versandbestätigungen, Rechnungsversand etc.

1.1.6 Trigger-Mailings

Trigger-Mailings (siehe Abb. 1.5) werden auch „regelgesteuerte" oder „anlassbezogene" Mailings genannt. Sobald eine oder mehrere vorher festgelegte Regeln auf einen Empfänger zutreffen, wird das vorbereitete Mailing automatisch personalisiert und an diesen versendet.

Typische Anwendungsbeispiele für Trigger-Mailings sind Geburtstags- und Jubiläums-Mailings, die am Tag des Anlasses oder einige Zeit davor oder danach versendet werden. Weitere Anwendungsfälle sind beispielsweise Cross-Selling-Kampagnen nach Produktkäufen, bei denen der Käufer nach einer gewissen Zeit daran erinnert wird, zu seinem zuvor gekauften Produkt passendes Zubehör oder Verbrauchsmaterial zu erwerben.

Optimal eingerichtete Trigger-Mailings haben für den Empfänger eine besonders hohe Relevanz, was dazu führt, dass der

1.1 · E-Mail-Marketinggrundlagen

◨ **Abb. 1.4** Beispiel Transaktions-Mailings

Empfänger die Nachricht mit größtmöglicher Aufmerksamkeit wahrnimmt. Die zusätzliche Personalisierung der Inhalte fördert zudem beim Leser das Interesse, was sich positiv auf die Öffnungs- und Klickraten sowie auf die Konversionsrate des Mailings auswirkt.

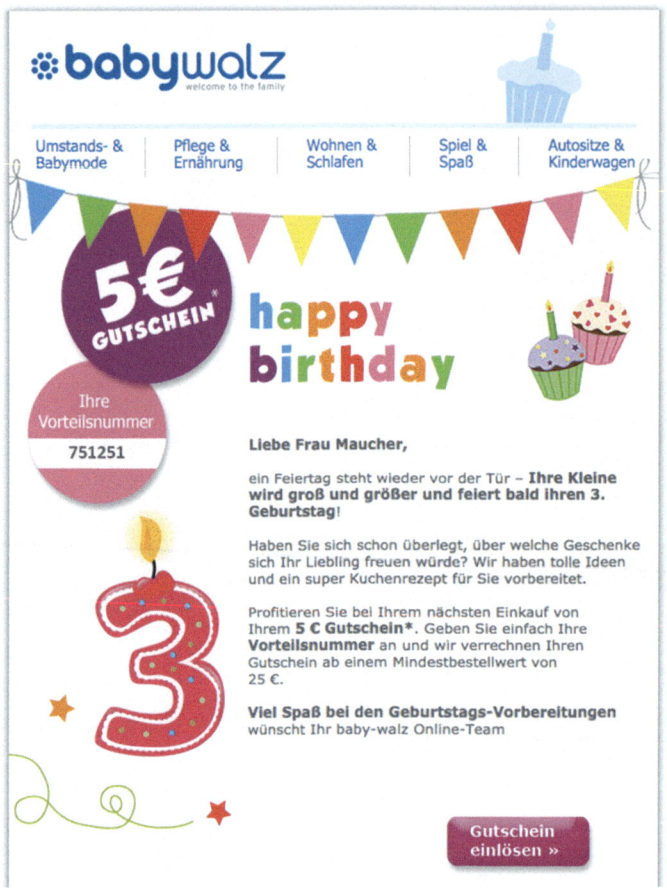

Abb. 1.5 Beispiel Trigger-Mailings

1.1.7 Evolutionsstufen

Der strategische und technische Aufwand, der beim Versand von Mailings betrieben werden muss, nimmt mit zunehmenden Grad der Automatisierung und Individualisierung von Mailings zu. Martin Aschoff (Aschoff 2005) hat deshalb ein Modell für die verschiedenen E-Mail-Marketingevolutionsstufen entwickelt.

Text-Format: Das Versenden von Mailings im reinen Textformat stellt die niedrigste Stufe des Evolutionsmodells dar, da hierbei der geringste technische Aufwand betrieben werden muss.

HTML-Format: Durch das Verwenden von HTML kann das Mailing um Farben und Bilder erweitert werden. Diese Form der Darstellung ist aufwändiger als die des reinen Text-Formats, bietet aber den Vorteil, dass sie für den Leser optisch wesentlich ansprechender gestaltet ist und zudem Informationen nicht nur durch Text, sondern auch mittels Bildern transportieren kann.

Personalisierung: Die Personalisierung der Betreffzeile und des Nachrichtentextes mit Empfängerdaten stellt die nächste Stufe des Evolutionsmodells dar. Die für die Personalisierung relevanten Daten müssen in der Empfängerliste hinterlegt sein (z. B. Anrede, Vor- und Nachname).

Link-Tracking: Beim Link-Tracking wird jeder Link durch einen Tracking-Link ersetzt, der nach Zählung des Klicks auf das ursprüngliche Link-Ziel weiterleitet. Dadurch ist es möglich zu erfassen, wie häufig ein Link geklickt wurde. Die Daten können als Grundlage für die Optimierung der nächsten Versendungen verwendet werden.

Interessensprofile: Die Generierung von Interessensprofilen ist die nächsthöhere Stufe. Dabei werden die Nutzeraktionen durch spezielle Links erfasst und anschließend in einer Interessensprofil-Datenbank gespeichert, wodurch spätere Mailings gezielt an Nutzer versendet werden können, die ein potenzielles Interesse aufweisen. Dazu ist jedoch nach geltendem Recht die vorherige Einverständniserklärung des Nutzers notwendig. Eine Alternative ist deshalb die freiwillige Angabe bestimmter Interessen durch den Nutzer selbst, z. B. auf einer Webseite.

Individuelle Zusammenstellung der Inhalte: Durch Interessensprofile ist es möglich, bestimmte Nutzergruppen anhand des Verhaltens der Nutzer zu erkennen und den jeweiligen Gruppen individuell zusammengestellte Inhalte zukommen zu lassen.

1:1- und Mikro-Marketing: Beim Mikro-Marketing lassen sich kleine und kleinste Zielgruppen durch die Auswahl von bestimmten Interessensprofilen gezielt ansprechen. Das echte 1:1-Mikro-Marketing stellt die höchste Evolutionsstufe des E-Mail-Marketings dar. Dabei erhält jeder Empfänger individuelle und zeitlich von anderen Versendungen unabhängige E-Mails. Der Nutzer bekommt das Mailing dabei zum optimalen Zeitpunkt und mit entsprechenden Inhalten, die optimal auf seine Interessen abgestimmt sind.

1.1.8 Kriterien für eine gute E-Mail-Marketingsoftware

Damit Sie erfolgreiches E-Mail-Marketing betreiben können, ist die Wahl der richtigen E-Mail-Marketingsoftware von entscheidender Bedeutung. Natürlich bieten viele Shop-, CRM- und CMS-Systeme mittlerweile Newsletter-Versandfunktionen an; jedoch geht es dabei meist nur um den reinen Mailversand. Funktionen wie automatisches Adressmanagement, Testmöglichkeiten, Transaktions- und Trigger-Mailings sucht man dort vergebens. Erfolgreiches E-Mail-Marketing benötigt deshalb eine professionelle E-Mail-Marketinglösung. Alle wichtigen Kriterien, die bei der Wahl des E-Mail-Marketingsystems berücksichtigt werden müssen, haben wir im Folgenden für Sie zusammengefasst.

- **Funktionen**

Welche Funktionen muss ein professionelles E-Mail-Marketing-Tool haben?

Das Adressmanagement muss rechtssicher ablaufen. Anmeldungen werden protokolliert und Abmeldungen sicher gehandhabt. Die Anmeldung zum Newsletter sollte per Double Opt-In stattfinden (siehe Anmeldeformular). Meldet sich eine Person vom Newsletter ab, muss sichergestellt sein, dass der Leser auch wirklich keine E-Mail mehr erhält und dies auch beim Neu-Import der Adresse bestehen bleibt. Es ist von Vorteil, wenn der Anbieter vordefinierte, rechtssichere Standardtexte für die Mailings in allen benötigten Sprachen mitliefert. Eine Import- und Export-Funktion gehört ebenfalls zum Funktionsumfang eines professionellen E-Mail-Marketingsystems. Eine Möglichkeit zum Adressabgleich zu Fremdsystemen sollte ebenfalls vorhanden sein.

Rückläufer müssen automatisch verwaltet werden (Bounce-Management) und sollten je nach Typ nicht erneut angeschrieben werden. Dabei unterscheidet man zwischen Soft- (temporär nicht erreichbar) und Hard-Bounces (dauerhaft nicht erreichbar). Ein zuverlässiges Bounce-Management erspart Ihnen als Versender Kosten und minimiert Ihr Spamrisiko.

Die Vernetzung von E-Mail-Marketing mit externen Datenquellen und Systemen ist die Basis für eine erfolgreiche Multi-Channel-Kommunikation. Richten Sie Ihren digitalen Dialog systematisch auf Ihre (potenziellen) Kunden aus. Prüfen Sie, ob die wichtigsten Integrationen zu den von Ihnen genutzten Drittsystemen vorhanden sind (Webanalyse, Shop- oder CRM-Systeme). Per API haben Sie die Möglichkeit, sich spezielle Schnittstellen einrichten zu lassen. Neben der Schnittstelle ist es auch von Vorteil, wenn das E-Mail-Marketingsystem um firmenspezifische Funktionalitäten per Plug-in-Technologie erweitert werden kann.

Die E-Mail-Marketingsoftware muss in der Lage sein, zuvor definierte Transaktions- und Trigger-Mailings automatisch zu versenden. Automatisicrte Geburtstagsgrüße, Treueaktionen und Folge-Kampagnen lassen sich so im Handumdrehen umsetzen. Diese maßgeschneiderten Informationen steigern deutlich die Responserate Ihrer Empfänger.

Das A und O im E-Mail-Marketing ist die Personalisierung der E-Mails. Die Empfänger werden dabei individuell angesprochen und erhalten Informationen, die auch wirklich für sie relevant sind. Oft wird hierbei ein Mailing bestimmten Zielgruppen zugeordnet. Dies kann so weit gehen, dass nur bestimmte Inhalte eines Mailings an bestimmte Zielgruppen ausgeliefert werden. Sprechen Sie Ihre Empfänger persönlich an – in der Betreffzeile, Anrede und beispielsweise in beigefügten Gutscheinen. Auf Basis von Empfängerreaktionen können danach Folgekampagnen geplant und durchgeführt werden.

Durch eine Profilverwaltung hat der Empfänger selbst die Möglichkeit, seine Daten zu aktualisieren und Mailingeinstellungen vorzunehmen. Sie als Versender sollten die Möglichkeit haben, Benutzerkonten bzw. die Rechte dieser zu verwalten.

Die Erstellung eines Mailings wird durch ein E-Mail-Marketing-Content-Management-System (CMS) und den Einsatz von speziellen Templates (Vorlagen) vereinfacht. So ist die einwandfreie Darstellung in den gängigen E-Mail-Clients sichergestellt – auch auf mobilen Endgeräten. Beim Einpflegen der Inhalte in das CMS sollte eine Multipart-Version (HTML- und automatische Textversion) erstellt werden. Einige Systeme bieten außerdem die Möglichkeit, Landingpages (Zielseiten) und Formulare zu erstellen. Im Mailing benutzte Bilder, PDFs etc. können auf einen Onlinespeicher (FTP-Server) hochgeladen werden.

Eine Sharing-Funktion in sozialen Netzwerken bietet dem Empfänger die Möglichkeit, den Newsletter weiterzuleiten, was wiederum für Sie automatisch mehr Leser bedeutet.

Mailings sollten, bevor sie an die Empfänger verschickt werden, einer ausführlichen Qualitätssicherung unterzogen werden. Dabei überprüfen Sie Ihr Mailing mit Phishing-, Spam- oder Darstellungstests, um die Zustellung und das Design zu sichern. Es sollte ebenfalls die Möglichkeit vorhanden sein, Test-E-Mails zu senden oder gar einen Redaktionsfreigabeprozess einzurichten.

Zum erfolgreichen E-Mail-Marketing gehört ebenfalls die Durchführung von A/B- oder multivariaten Tests. Das Mailing wird dabei an zuvor definierten Testgruppen geprüft. Der Newsletter mit dem größten Erfolg wird dann an die restlichen Empfänger gesendet.

Unternehmen sollten direkt per Software Einfluss auf die Versandoptionen haben. Ein abgebrochener Versand muss ohne Probleme fortgeführt werden können. Unternehmen müssen zudem auf die Versandleistung achten. Diese kann je nach System variieren. Je größer die Abonnentenliste, desto wichtiger ist die Versandleistung. Informieren Sie sich über die Höchstgrenze der Versandrate. Oft legen E-Mail-Anbieter eine maximal mögliche Anzahl an E-Mails pro Absender in einem bestimmten Zeitraum fest. Daher sollten Sie in Ihrem E-Mail-Marketingsystem die Möglichkeit zur Drosselung der Versandgeschwindigkeit haben.

Eine detaillierte Erfassung und die ständige Verfügbarkeit aller Messwerte machen das E-Mail-Marketing so erfolgreich. Achten Sie darauf, dass die Software über intelligente Analysetools verfügt. Statistiken werden sofort nach dem Versand in Echtzeit aktualisiert. Eine Klick-Map zeigt Ihnen, an welchen Stellen geklickt wurde. Mit den gewonnenen Daten lässt sich das nächste Mailing noch erfolgreicher gestalten. Die Auswertungen der Newsletter-Daten müssen zudem rechtskonform sein. Die Standardauswertungen dürfen keiner Person oder E-Mail-Adresse zugeordnet werden. Personenbezogene Auswertungen dürfen nur dann durchgeführt werden, wenn der Empfänger dafür sein Einverständnis gegeben hat.

- **Fazit**

Jede E-Mail-Marketingsoftware hat ihre Stärken und Schwächen. Erstellen Sie sich Ihren spezifischen Kriterienkatalog. Legen Sie dabei fest, was die wichtigen Kriterien und was Nice-to-haves sind. Anhand dessen können Sie genau prüfen, welche E-Mail-Marketingsoftware die richtige ist bzw. Ihre Anforderungen erfüllt.

1.2 Rechtliche Grundlagen

Die vorliegenden Informationen sind ohne Gewähr und ersetzen keine Rechtsberatung. Im Zweifelsfall sollten Sie immer einen sachkundigen Rechtsanwalt hinzuziehen!

1.2.1 E-Mail-Marketing

Rechtlich gesehen ist E-Mail-Marketing nichts anderes als Werbung per E-Mail. Dabei handelt es sich um eine Form des Direktmarketings, bei der die Werbung dem Empfänger direkt zugestellt wird.

Der Begriff „Werbung" wird dabei sehr weit als jede Maßnahme, die der Förderung des Unternehmens dient, ausgelegt. Als Werbung zählen neben Newslettern auch Pressemitteilungen, Produktempfehlungen, persönliche Anfragen etc. Auch Dienstleistungen, die dem Empfänger einen Mehrwert bieten, wie z. B. E-Cards oder Produktempfehlungen, sind rechtlich gesehen Werbung.

Die rechtliche Definition von Werbung findet sich im Gesetz gegen den unlauteren Wettbewerb (UWG):

» Jedes Verhalten einer Person zugunsten des eigenen oder eines fremden Unternehmens, bei oder nach einem Geschäftsabschluss, das mit der Förderung des Absatzes oder des Bezugs von Waren oder Dienstleistungen oder mit dem Abschluss oder der Durchführung eines Vertrags über Waren oder Dienstleistungen objektiv zusammenhängt (vgl. § 2 Abs. 1 Nr. 1 UWG).

Das Gesetz gegen den unlauteren Wettbewerb ist dabei die nationale Umsetzung einer europäischen Richtlinie:

» Jede Äußerung bei der Ausübung eines Handels, Gewerbes, Handwerks oder freien Berufs mit dem Ziel, den Absatz von Waren oder die Erbringung von Dienstleistungen, einschließlich unbeweglicher Sachen, Rechte und Verpflichtungen, zu fördern (Art. 2 RL 2006/114/EG).

Das Gesetz gegen den unlauteren Wettbewerb schützt dabei nicht nur Privatpersonen vor Werbung, sondern auch Unternehmen. Die Abgrenzung, was Werbung ist und was nicht, ist jedoch nicht immer ganz klar und auch die diesbezügliche Rechtssprechung ist nicht eindeutig. Im Zweifelsfall sollte man deshalb immer von Werbung ausgehen. Dies bedeutet:
Wer E-Mail-Marketing betreibt, muss eine Vielzahl von rechtlichen Vorgaben beachten!

1.2.2 Die wichtigsten Gesetze (UWG, TMG, BDSG)

Selbstverständlich kann niemand von Ihnen verlangen, unter die Juristen zu gehen. Die bedeutendsten rechtlichen Grundlagen sollten Sie aber kennen und beachten. Die wichtigsten Gesetze im Zusammenhang mit E-Mail-Marketing sind:
- Das Gesetz gegen den **unlauteren Wettbewerb (UWG)** gewährt Unterlassungs-, Schadensersatz-, Beseitigungs-, Ge-

winnabschöpfungs- und Auskunftsansprüche für betroffene Wettbewerber.
- Das **Bundesdatenschutzgesetz (BDSG)** regelt den Umgang mit personenbezogenen Daten, die in IT-Systemen oder manuell verarbeitet werden.
- Das **Telemediengesetz (TMG)** regelt die Rahmenbedingungen für sogenannte Telemedien. Es enthält die zentralen Vorschriften des Internetrechts.

Seriöses und professionelles E-Mail-Marketing setzt immer die Einwilligung des Empfängers voraus! Der Empfänger willigt dabei sowohl in die Erhebung, Speicherung und Verarbeitung seiner personenbezogenen Daten als auch in den Erhalt von E-Mails des Versenders ein.

Anschließend schickt der Versender dem Empfänger die gewünschten Inhalte. Der Empfänger hat durch die Abgabe seiner Einwilligung bereits ein gewisses Interesse an den Informationen des Absenders gezeigt und ist dadurch auch eher geneigt, diese wahrzunehmen. Die Einwilligung des Empfängers ist zudem die Grundlage eines Vertrauensverhältnisses zwischen Versender und Empfänger (siehe ◘ Abb. 1.6).

Die Einwilligung des Empfängers besteht im Wesentlichen aus zwei Teilen: der datenschutzrechtlichen Einwilligung und der wettbewerbsrechtlichen Einwilligung.

- **UWG: Einwilligung im Sinne des Wettbewerbsrechts**

Werbung per E-Mail ist ohne Einwilligung des Empfängers nach dem Gesetz gegen den unlauteren Wettbewerb grundsätzlich unzumutbar und somit unzulässig!

> Eine geschäftliche Handlung, durch die ein Marktteilnehmer in unzumutbarer Weise belästigt wird, ist unzulässig. Dies gilt insbesondere für Werbung, obwohl erkennbar ist, dass der angesprochene Marktteilnehmer diese Werbung nicht wünscht (§ 7 Abs. 1 UWG).

> Eine unzumutbare Belästigung ist stets anzunehmen […] bei Werbung unter Verwendung […] elektronischer Post, ohne dass eine vorherige ausdrückliche Einwilligung des Adressaten vorliegt […] (§ 7 Abs. 2 Nr. 3 UWG).

Versendungen ohne Einwilligung des Empfängers können für den Absender unangenehme rechtliche und praktische Konsequenzen

1.2 · Rechtliche Grundlagen

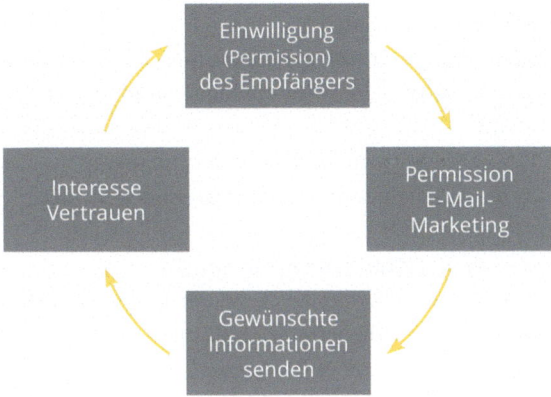

Abb. 1.6 Permission E-Mail-Marketing

haben. So können zum Beispiel Abmahnungen durch Mitbewerber oder Verbraucherzentralen erfolgen oder es kommt zu einem Reputationsverlust des Absenders und Blacklisting der Absenderadressen auf technischer Ebene, wodurch sich die Zustellrate der Mailings massiv verringert.

Ausnahme: Es liegt die ausdrückliche oder mutmaßliche Einwilligung des Adressaten vor!

- **UWG: 1. Ausdrückliche Einwilligung**

Die ausdrückliche Einwilligung ist das A und O des E-Mail-Marketings und eine der Grundvoraussetzungen für seriöses E-Mail-Marketing. Diese ist sowohl aus wettbewerbsrechtlichen als auch aus datenschutzrechtlichen Gründen notwendig. An die ausdrückliche Einwilligung werden hohe formale Anforderungen gestellt; sie kann jedoch elektronisch z. B. durch Anklicken einer Checkbox gegeben werden.

Wichtig ist, dass der Text der Einwilligungserklärung gegenüber anderen, gleichzeitig abgegebenen Erklärungen hervorgehoben wird. Inhaltlich muss ein Einwilligungstext immer die Antwort auf die Frage „Wer darf was wie tun und zu welchem Zweck?" geben.

Generell wird bei der Einwilligung unterschieden zwischen:
- ausdrücklicher Einwilligung (aktives Zutun des Empfängers),
- mutmaßlicher Einwilligung (wird anhand rechtlicher Kriterien angenommen).

Für personenbezogenes Tracking ist immer eine ausdrückliche Einwilligung des Empfängers notwendig!

- **Personenbezogenes Tracking**

Unter personenbezogenem Tracking versteht man die Erfassung von Reaktionen des Empfängers eines Mailings. Empfängerreaktionen können sein:
– Öffnung eines Mailings (gemessen werden kann diese Reaktion aus technischen Gründen nur, wenn beim Öffnen mindestens ein getracktes Bild nachgeladen wird oder der Empfänger auf einen getrackten Link klickt),
– Klick auf irgendeinen Link oder Klick auf einen bestimmten Link (es muss sich dabei um getrackte Links handeln).

Mit den durch personenbezogenes Tracking gewonnenen Daten kann das Profil des Empfängers angereichert werden. Somit ist es möglich, weitere E-Mails mit den Interessen und dem Verhalten des Empfängers entsprechenden Inhalten zu verschicken. Die höhere Relevanz der Inhalte für den Empfänger führt in der Regel auch zu höheren Öffnungs-, Klick- und Konversionsraten.

Die Einwilligung kann und sollte bereits bei der Anmeldung zum Newsletter eingeholt werden:

> Hiermit bestelle ich den URStore-Newsletter. Zudem erkläre ich mich damit einverstanden, dass URStore individuelle Auswertungen meines Nutzerverhaltens erstellt, um mir als Leser relevante und passende Informationen zusenden zu können. Es erfolgt keine Weitergabe der Daten an Dritte (Beispieltext).

- **UWG: 2. Mutmaßliche Einwilligung**

Die mutmaßliche Einwilligung stellt eine Ausnahmeregelung im Gesetz gegen den unlauteren Wettbewerb dar. Demnach ist Werbung per E-Mail keine unzumutbare Belästigung:
– wenn der Versender die Adresse durch Verkauf einer Ware oder Dienstleistung erhalten hat,
– UND der Versender die Adresse zur Direktwerbung für eigene ähnliche Waren oder Dienstleistungen verwendet,
– UND der Empfänger der Verwendung nicht widersprochen hat,
– UND bei der Erhebung und jeder Verwendung der Adresse auf das Widerspruchsrecht hingewiesen wird.

Von einer mutmaßlichen Einwilligung ist zum Beispiel auszugehen, wenn eine Kundenbeziehung besteht, die nicht mehr als ein paar Monate zurückliegt und der Empfänger dem Erhalt von E-Mails nicht widersprochen hat.

- **BDSG: Einwilligung in Sinne des BDSG**
Personenbezogene Daten (E-Mail-Adresse, Name etc.) dürfen nach dem Bundesdatenschutzgesetz nur mit Einwilligung des Empfängers erhoben, verarbeitet und genutzt werden. Zudem muss der Betroffene umfassend über die Verwendung informiert werden.

> Die Erhebung, Verarbeitung und Nutzung personenbezogener Daten sind nur zulässig, soweit dieses Gesetz oder eine andere Rechtsvorschrift dies erlaubt oder anordnet oder der Betroffene eingewilligt hat (§ 4 Abs. 1 BDSG).

> Werden personenbezogene Daten beim Betroffenen erhoben, so ist er […] von der verantwortlichen Stelle über 1. die Identität der verantwortlichen Stelle, 2. die Zweckbestimmungen der Erhebung, Verarbeitung oder Nutzung und 3. die Kategorien von Empfängern […] zu unterrichten (§ 4a Abs. 3 Nr. 1–3 BDSG).

- **TMG: Richtlinien für den elektronischen Geschäftsverkehr**
Das Telemediengesetz (TMG) regelt die rechtlichen Rahmenbedingungen für sogenannte Telemedien in Deutschland. Es ist eine der zentralen Vorschriften des Internetrechts. Das TMG ist eine Zusammenfassung dessen, was sich zuvor auf drei verschiedene Regelwerke verteilte.

Das TMG enthält unter anderem Vorschriften zum Impressum für Tele-mediendienste, zur Bekämpfung von Spam, zur Haftung von Dienstbetreibern für gesetzwidrige Inhalte in Telemediendiensten, zum Datenschutz beim Betrieb von Telemediendiensten, zur Herausgabe von Daten und zum Providerprivileg.

Manche Inhalte des TMG sind deckungsgleich mit denen des UWG und BDSG:
- Die elektronische Einwilligung muss eine eindeutige und bewusste Handlung sein, muss protokolliert werden und der Inhalt der Einwilligung muss ständig abrufbar sein (§13).
- Die Einwilligung darf nicht mit Datenverwendung für andere Zwecke gekoppelt werden (§12).
- Eine anonyme Nutzung muss ermöglicht werden (nur E-Mail) (§14).
- Der Mail-Inhalt und die Mail-Frequenz müssen aufgeführt werden (§13).
- Das Mailing muss als Werbemail erkennbar sein (§6).
- Das Impressum muss aufgeführt werden (§5).

- Eine Abbestellmöglichkeit muss hinterlegt werden (§13).
- Nutzungsprofile müssen pseudonymisiert erfasst werden (§13,15), d. h. Profil und E-Mail-Adresse dürfen nicht zusammenführbar sein.

- **SPAM**

Der Versand ohne Einwilligung des Empfängers wird SPAM genannt. Gemeint sind damit massenhaft versendete und unerwünschte E-Mails im Postfach. Die Benennung hat ihren Ursprung in einem Sketch der britischen Comedy-Gruppe Monty Python, in dem es in einem Restaurant ausschließlich Gerichte mit SPAM (engl. Spiced Pork and Meat) gibt. Von SPAM spricht man bei:

- keiner ausdrücklichen oder zumindest mutmaßlichen Einwilligung des Empfängers,
- dem Verschleiern oder Verheimlichen der Identität des Absenders,
- keiner gültigen Absenderadresse oder keinem funktionierenden Link zum Abbestellen künftiger Versendungen,
- fehlendem Hinweis auf die jederzeitige Abbestellmöglichkeit bei Erhebung und jeder Verwendung der Empfängerdaten,
- unklarer oder rechtswidriger Herkunft der personenbezogenen Daten des Empfängers.

SPAM-E-Mails beinhalten häufig auch unseriöse Inhalte und sind äußerst kontraproduktiv, da sie letzten Endes zu einer sinkenden Beachtung von E-Mails führen. Zudem sind sie unseriös und führen zu einem Imageverlust des Versenders. Und nicht zuletzt sind sie nach dem Gesetz gegen den unlauteren Wettbewerb eine unzumutbare Belästigung des Empfängers und somit wettbewerbswidrig (§ 7 UWG).

Seriöse Versender versenden deshalb ausschließlich mit Einverständnis des Empfängers!

1.2.3 Anmeldeformular

- **Konkrete Einwilligung**

Damit der Empfänger bei seiner Anmeldung an einen Verteiler eine rechtlich einwandfreie Einwilligungserklärung abgeben kann, muss das Anmeldeformular bestimmten Anforderungen genügen.

Zunächst einmal muss der Text der Einwilligungserklärung konkret und für den Empfänger transparent formuliert sein (siehe ◘ Abb. 1.7). Es muss aus diesem ganz klar hervorgehen:

1.2 · Rechtliche Grundlagen

> Unser kostenloser Newsletter informiert Sie monatlich über neue Produktinfos rund um Inxmail Professional sowie dessen Anwendung und über Aktuelles aus dem E-Mail Marketing.

◘ **Abb. 1.7** Einwilligungserklärung Inxmail Newsletter

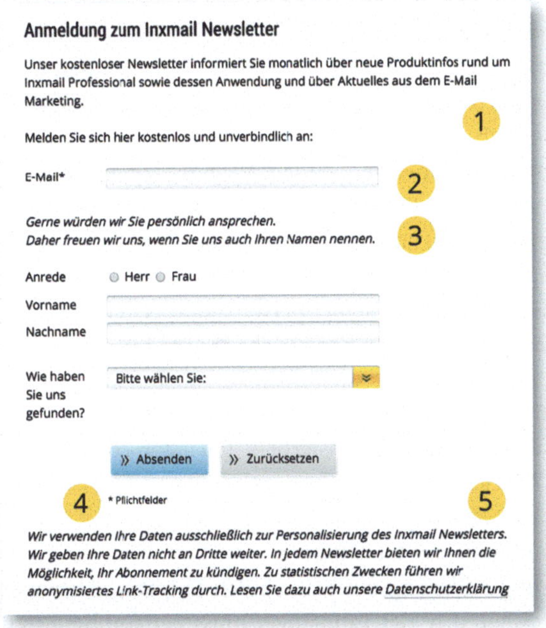

◘ **Abb. 1.8** Anmeldeformular Inxmail Newsletter. *1* Inhalt, Frequenz, Kosten, *2* E-Mail als einziges Pflichtfeld, *3* Aufklärung Datenschutz, *4* Kennzeichnung Pflichtfelder, *5* Hinweis Datenschutz und Kündigung

- wofür der Empfänger seine Einwilligung abgibt (Inhalte des Newsletters),
- in welcher Frequenz die Versendungen erfolgen.

■ **Gebot der Datensparsamkeit**

Das Gebot der Datensparsamkeit (§ 3a BDSG) bedeutet, dass nur zur Dienst-erbringung notwendige personenbezogene Daten des Empfängers erhoben werden dürfen.

Für den Versand von E-Mails bedeutet dies, dass die E-Mail-Adresse die einzig notwendige Information zur Diensterbringung ist und daher auch das einzige Pflichtfeld des Formulars sein darf. Alle weiteren Angaben sind demnach freiwillig, wodurch für den Empfänger auch die Möglichkeit eines anonymen Bezugs besteht (siehe ◘ Abb. 1.8).

> *Wir verwenden Ihre Daten ausschließlich zur Personalisierung des Inxmail Newsletters. Wir geben Ihre Daten nicht an Dritte weiter. In jedem Newsletter bieten wir Ihnen die Möglichkeit, Ihr Abonnement zu kündigen. Zu statistischen Zwecken führen wir anonymisiertes Link-Tracking durch. Lesen Sie dazu auch unsere Datenschutzerklärung*

Abb. 1.9 Datenschutzhinweis Inxmail Newsletter

- **Datenschutzhinweis**

Der Empfänger muss aus datenschutzrechtlichen Gründen über den Umgang mit seinen personenbezogenen Daten aufgeklärt werden. Dabei sollte stets die Frage „Wer darf was wie tun und zu welchem Zweck?" beantwortet werden. Weitere Aspekte können auch in eine allgemeine Datenschutzerklärung z. B. auf der Webseite ausgelagert werden, auf die dann verlinkt wird.

Zudem muss der Empfänger darüber unterrichtet werden, dass er jederzeit der Verwendung seiner personenbezogenen Daten zu Werbezwecken widersprechen kann (siehe ◘ Abb. 1.9).

> Der Betroffene ist bei der Ansprache zum Zwecke der Werbung […] über das Widerspruchsrecht […] zu unterrichten (§ 28 Abs. 4 BDSG).

- **Bewusste Abgabe der Einwilligung**

Die Einwilligungserklärung muss durch den Empfänger bewusst abgegeben werden, d. h. der Empfänger muss bei kombinierten Anmeldungen für verschiedene Dienste die Einwilligung für den Erhalt von E-Mails, z. B. durch aktives Anklicken einer Checkbox, bestätigen.

Der Bundesgerichtshof (BGH) hat in seinem „Payback-Urteil" (BGH Urteil vom 16. Juli 2008 – VIII ZR 348/06) ausdrücklich festgelegt, dass eine passive Einwilligungserklärung für Werbung per E-Mail und SMS unzulässig ist.

1.2.4 Weitere Arten der Adressgenerierung

Frank Stiegler, Kanzlei Stiegler Legal

In diesem Artikel geht es um den Verteileraufbau. Es wird aufgezeigt, welche Möglichkeiten Sie haben, Ihren Verteiler rechtssicher aufzubauen und welche Grenzen Sie dabei beachten müssen.

- **Das umstrittene Thema: Adresskauf**

Fangen wir mit dem einfachsten Punkt an: Adresskauf ist unzulässig.

Wenn Ihnen jemand z. B. Excel-Listen gegen Zahlung anbietet, lassen Sie aus drei Gründen die Finger davon: Erstens verstößt er gegen Datenschutzregeln, denn bei Kauf von Adressdaten können Betroffene ihre Einwilligung nicht wirksam widerrufen; das müssen sie aber können. Zweitens sind die Adressen regelmäßig annähernd wertlos und das ist auch kein Wunder: Was würden Sie denken, wenn Sie eine E-Mail von jemandem erhalten, von dem Sie nie gehört haben? Drittens besteht beim Adresskauf die Gefahr, dass sich sogenannte Spamtraps (Spamfallen) im Adressbestand befinden. E-Mail-Provider platzieren im Kampf gegen Spammer E-Mail-Adressen, die keiner Person zugeordnet sind, sondern von Blacklist-Betreibern verbreitet werden. Da es bei Spamtrap-Adressen keine Einwilligung geben kann (denn es gibt ja niemanden, der sie erklären könnte), können die Verwender solcher Spamtraps genau nachvollziehen, wer E-Mails ohne Einwilligung versendet. Die Folge ist ein Blacklist-Eintrag, also ein Eintrag auf einer Liste nicht vertrauenswürdiger Mailserver. E-Mails, die von so registrierten Servern versendet werden, werden von Empfängerservern regelmäßig sofort aussortiert oder abgewiesen. Es gibt verschiedene Arten von Blacklists. Unseriöse Absender werden in öffentlichen Blacklists erfasst. Zusätzlich führt jeder E-Mail-Anbieter eigene Negativlisten.

Rechtlich gesehen steckt wie gesagt folgender Gedanke dahinter: Jeder einzelne Anmelder muss seine Einwilligung widerrufen können und das kann er nicht mehr, wenn seine Daten an beliebige Personen verkauft werden können.

- **Adressmiete als bessere Lösung?**

Adressmiete kann unter bestimmtem Umständen zulässig sein, allerdings auch dann nicht, wenn Sie wie im Adresskaufbeispiel Geld dafür zahlen, dass Sie eine Excel-Tabelle mit Empfängerdaten erhalten, die Sie aber nur so und so oft nutzen dürfen. Zulässig ist jedoch das sogenannte Lettershop-Modell, das wie folgt funktioniert (angenommen, Sie sind der Mieter):
- Ein Vermieter hat Adressdaten, die er Ihnen zur Miete anbietet. Sie schließen einen entsprechenden Vertrag.
- Sie erstellen Content für eine oder mehrere Werbe-E-Mails und schicken ihm den Content.
- Er versendet selbst in seinem Namen Ihren Content an seine Empfänger. Die Empfängerdaten bleiben in diesem Fall für Sie „unsichtbar".

Wenn Sie sich gerade fragen, wie Sie bei dieser Variante prüfen können, ob sich der Vermieter an den Vertrag hält, haben Sie Recht: Es ist bis zu einem gewissen Grad Vertrauenssache. Sie werden (und dürfen) seine Empfängerdaten nicht sehen, weil wir sonst regelmäßig wieder einen Datenschutzverstoß hätten. Sie können allerdings natürlich messen, wie viele Klicks auf der von Ihnen hoffentlich eingerichteten Landingpage von diesem Versand eingehen und so testen, ob der Vermieter sich wahrscheinlich an sein Wort gehalten hat. Außerdem haben seriöse Adressvermieter natürlich ein ureigenes Interesse daran, dass das Klickverhalten möglichst gut ist. Sie verdienen schließlich ihr Geld damit. Zu guter Letzt (das sagen sie Ihnen meist nicht offen) haben manche Vermieter Adressreserven, um „nachzuschießen", wenn sich das Klickverhalten nicht wie erwartet entwickelt.

- **Co-Registrierung, Co-Sponsoring: gemeinsam Adressen sammeln**
Beide Verfahren sind in gewissen Bereichen verbreitet, um sozusagen „gemeinsam Adressen zu sammeln". Co-Registrierung und Co-Sponsoring sind Varianten desselben Phänomens, manchmal meinen sie sogar exakt dasselbe: Jemand organisiert üblicherweise ein Preisausschreiben oder Gewinnspiel und strukturiert die Einwilligungserklärungen und Teilnahmebedingungen so, dass am Ende die Geldgeber (also die „Co-Sponsoren") die erhobenen Datensätze für Werbezwecke nutzen dürfen. Dieses Modell ist je nach Ausgestaltung zulässig, aber Sie tun gut daran, sich die Organisatoren solcher Aktionen sorgfältig auszusuchen. Wenn Sie aus einer solchen Aktion „faule" Daten erhalten, können Sie zwar theoretisch den Organisator auf Schadensersatz in Anspruch nehmen, aber in der Praxis ist das zu umständlich, teuer und langwierig.

- **Kopplung der Newsletter-Anmeldung an ein Preisausschreiben**
Rechtlich gesehen spricht auch grundsätzlich nichts dagegen, dass Sie die Anmeldung an Ihren Newsletter zur Voraussetzung der Teilnahme an einem Preisausschreiben machen. Eine Kopplung ist allenfalls dann unzulässig, wenn Ihr gekoppeltes Angebot auf anderem Wege nicht oder nicht gleichwertig erlangt werden kann. Dass so etwas Gegenstand eines Newsletters ist, ist allerdings bei allem Respekt für die Bedeutung von Newslettern extrem unwahrscheinlich. Eine Kopplung einer Newsletter-Anmeldung an ein Preisausschreiben ist spätestens seit Ende 2015 seit der Novelle des § 4 UWG regelmäßig zulässig, war es aber bei näherer Betrachtung auch vorher schon. Vorher hatte das deutsche Recht eine Kopplung einer Teilnahme an einem Preisausschreiben an die Inanspruchnahme einer Dienstleistung oder den Kauf einer Ware für unzulässig gehalten, aber der EuGH hatte die damalige deutsche Rechtslage

für unzulässig gehalten. Man hatte aber schon Jahre vor der letzten Novelle z. B. an den immer wieder durchgeführten Monopoly-Gewinnspielen von McDonald's, bei denen Coupons zur Teilnahme an Preisausschreiben an zu kaufender Ware angebracht werden, recht deutlich erkennen können, dass die Kopplung üblich war.

- **Tipp: Lassen Sie Reisende gehen!**

Marketer haben oft Angst vor schrumpfenden Verteilern und suchen deshalb Wege, die Abmeldung von Newslettern so kompliziert oder langwierig wie möglich zu machen. Dieses Vorgehen ist aus verschiedenen Gründen der wahrscheinlich schlechteste Ansatz für erfolgreiches E-Mail-Marketing, denn:

- Wer Sie wissen lässt, dass er keine E-Mails mehr von Ihnen möchte, ist sehr wahrscheinlich kein relevanter Umsatzfaktor für Sie.
- Abmelder liefern Ihnen das ehrlichste Feedback zu den Schwächen Ihres Verteilers. Finden und beseitigen Sie diese Schwächen. Erfragen Sie Abmeldegründe im Abmeldeformular (durch integrierte Umfragen) und identifizieren Sie Schwächen ihrer E-Mail-Aktivitäten. Dann müssen Sie sich über schrumpfende Verteiler keine Gedanken machen.
- Ihr größtes rechtliches Risiko sind Personen, die Ihnen eins auswischen wollen. Egal ob Konkurrenten, Querulanten oder „Genervte"; wer Sie einmal auf dem Kieker hat, ist ein erhebliches Risiko. Weil Unternehmen Einwilligungen oft nicht „wasserdicht" belegen können, müssen sie vor allem diejenigen gehen lassen, bei denen sich Ärger ankündigt (wozu auch eine Abmeldung zählen kann).
- Außerdem sinkt automatisch die Reputation, indem Ihre Empfänger sich nicht abmelden, sondern einfach den Spam-Button verwenden, den immer mehr Webmail-Anbieter zur Verfügung stellen.

Gestalten Sie die Abmeldung so einfach wie möglich. Mit einem Klick muss der Empfänger sich jederzeit vom Verteiler abmelden können. Ein Abmeldelink muss Bestandteil eines jeden Newsletters sein. Verzichten Sie auf ein Double Opt-Out und lassen Sie Ihre Empfänger gehen! Den kritischsten Abonnenten zeigen Sie durch eine Möglichkeit, sich mit einem Klick abzumelden, dass Sie Datenschutz ernst nehmen und den Abmelder jederzeit wieder willkommen heißen. So etwas wird überall gern gesehen.

Außerdem: Pflegen Sie Ihre Abmeldungen so, dass Sie mit Sicherheit verhindern können, dass aus Versehen, z. B. durch einen Empfängerimport, abgemeldete Empfänger wieder angeschrieben werden. Mit einem professionellen E-Mail-Marketingsystem müssen Sie sich hierüber keine Gedanken machen, denn selbst bei der Verwendung verschiedenster Empfängerlisten können Sie sehr komfortabel wählen, was im Konfliktfall mit dem jeweiligen Datensatz geschehen soll. Zusätzlich können Sie besonders hartnäckige Querulanten für sämtliche E-Mail-Marketingaktivitäten sperren. Dazu gehören beispielsweise Empfänger, die Ihnen bereits Drohungen ausgesprochen haben, auch Mitbewerber oder sonstige Empfänger, die Sie in Gefahr bringen könnten. Setzen Sie diese Adressen auf eine interne Sperrliste oder auch Blacklist in Ihrem E-Mail-Marketingsystem. So verhindern Sie jeglichen Versand (listen-/verteilerübergreifend) aus ihrem E-Mail-Marketingsystem.

- **Fazit**
- Adresskauf ist unzulässig. Adressmiete ist nur im Lettershop-Modell zulässig und für Sie eine relativ verlässliche Möglichkeit, neue Empfänger hinzuzugewinnen.
- Lassen Sie Abmelder gehen – mit einem Klick. Wenn Sie in hartnäckigen Fällen, z. B. bei Beschwerden, besonders „safe" sein wollen, setzen Sie jeden Abmelder auf eine Sperrliste im E-Mail-Marketingsystem und schreiben Sie ihn nie wieder an, selbst dann nicht, wenn er sich wieder anmelden möchte.
- Achten Sie auf mögliche Abmahnungen/Klagen nicht nur von Empfängern Ihrer E-Mails, sondern auch auf Wettbewerbsaspekte (vor allem § 7 UWG), um Ärger mit Wettbewerbern zu vermeiden.

> Gastautor Frank Stiegler, Kanzlei Stiegler Legal
> Die Kanzlei Stiegler Legal ist auf Recht in IT und neuen Medien inkl. gewerblichem Rechtsschutz und Datenschutz ausgerichtet. Die Kanzlei unterstützt und vertritt hauptsächlich Unternehmen im Hardware- und Software-Bereich, E-Commerce-Händler, Agenturen und Berater, vom Einzelunternehmer bis zum Großkonzern. Frank Stiegler arbeitet auf Deutsch und Englisch und gibt zudem Seminare und Workshops.

1.2.5 Anmeldung am Verteiler (Opt-In)

Für die Anmeldung an E-Mail-Verteilern gibt es verschiedene Verfahren, die aufeinander aufbauen.
- Single Opt-In ist das am wenigsten aufwändige Verfahren. Der Empfänger füllt ein Anmeldeformular aus und schickt

kann dieser zudem durch bloße Untätigkeit dem Erhalt weiterer E-Mails widersprechen.

Da die beim Double-Opt-In-Verfahren versendete Bestätigungs-E-Mail mit dem Bestätigungslink vor Vorhandensein einer Einwilligung des Empfängers versendet wird (diese kommt ja erst mit dem Klick auf den Bestätigungslink zustande), gelten für diese besondere Voraussetzungen:

- Es darf keine Werbung enthalten sein (da noch keine Einwilligung zum Erhalt von Werbung vorhanden ist).
- Die Einwilligungserklärung sollte in der Nachricht stehen (Wer darf was wie tun und zu welchem Zweck?).
- Die Nachricht muss Folgendes beinhalten:
  - ein Impressum (Anbieterkennzeichnung),
  - Hinweis, warum der Empfänger diese Nachricht erhält,
  - Hinweis, dass weitere Versendungen erst nach Klick auf den Bestätigungslink erfolgen,
  - Hinweis auf jederzeitige Abbestellmöglichkeit.

Da die Einwilligungserklärung erst mit dem Klicken des Bestätigungslinks in der Begrüßungs-E-Mail zustande kommt, sollten Sie diese E-Mails für jeden angemeldeten Empfänger und den Zeitpunkt des Klicks auf den Bestätigungslink archivieren. So können Sie im Zweifelsfall darlegen, wie die Anmeldung einzelner Empfänger zustande gekommen ist.

1.2.6 Rechtliche Anforderungen eines Newsletters

Bei einem rechtlich einwandfreien Newsletter muss der kommerzielle Charakter des Newsletters im Betreff erkennbar sein. Ebenfalls muss der Absender eindeutig identifizierbar sein und der Inhalt des Newsletters der Einwilligung entsprechen. Ein korrektes Impressum ist außerdem ein wichtiger Bestandteil des Mailings sowie eine Abbestellmöglichkeit per Link (siehe ◘ Abb. 1.11).

1.2.7 Abmeldung vom Verteiler (Opt-Out)

Die Empfänger können und dürfen ihre Einwilligung zur Erhebung, Verarbeitung und Speicherung ihrer personenbezogenen Daten sowie zum Erhalt von E-Mails jederzeit widerrufen. Wie im ▶ Abschn. 1.2.4 „Weitere Arten der Adressgenerierung" unter dem Absatz „Tipp: Lassen Sie Reisende gehen" ausführlich erläutert, sollte der Empfänger mit nur einem Klick die Möglichkeit er-

1.2 · Rechtliche Grundlagen

◨ **Abb. 1.11** Rechtliche Anforderungen an einen Newsletter. *1* Absender ist eindeutig erkennbar, *2* Kommerzieller Charakter im Betreff erkennbar, *3* Inhalt entspricht der Einwilligung, *4* Anbieterkennzeichnung (Impressum), *5* Abbestellmöglichkeit

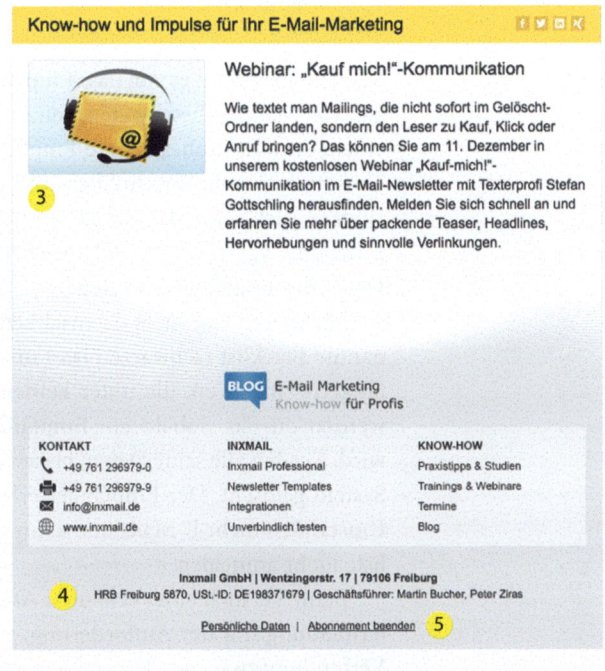

halten, sich vom Mailing abzumelden. Die nach dem Klick auf den Abmeldelink angezeigte Landingpage eignet sich hervorragend, um eine Umfrage mit Verbesserungsvorschlägen oder Sonderangebote für Wiederanmeldungen zu platzieren.

Neben der Abmeldung per Klick auf einen Link können die Teilnehmer auch auf anderen Wegen wie z. B. auf dem Postweg oder per Telefon ihre Einverständniserklärung widerrufen. Dabei dürfen dem Empfänger keine höheren Kosten als die des Basis-Tarifs, d. h. eines Internetzugangs, Telefongesprächs oder einer Standard-Postkarte entstehen. Entsprechende Abmeldungen sind unverzüglich umzusetzen.

Nach erfolgter Abmeldung sollten Sie den Empfänger unter keinen Umständen erneut, z. B. mit einer Verabschiedungsmail, anschreiben, da der Empfänger die Einwilligungserklärung zu diesem Zeitpunkt bereits widerrufen hat. Auch sollten Sie kein Double-Opt-Out-Verfahren, bei dem der Empfänger erst nach dem Klicken auf einen Link in einer Abmeldebestätigungsmail vom Verteiler abgemeldet wird, verwenden.

1.2.8 Blacklist

Manchmal kommt es vor, dass Empfänger sich massiv über den Erhalt von Mailings beschweren, den Absender beschimpfen oder mit einem Anwalt drohen. Diese Empfänger sollten Sie unter keinen Umständen mehr anschreiben und entsprechende Aussagen als Widerspruch gegen den Erhalt von E-Mails sowie gegen die weitere Erhebung, Verarbeitung und Speicherung von personenbezogenen Daten des Empfängers werten.

Für diesen Fall ist es datenschutzrechtlich zulässig, eine sogenannte Blacklist (schwarze Liste) mit E-Mail-Adressen von Empfängern zu führen, die unter keinen Umständen angeschrieben werden dürfen. Sobald ein Empfänger auf die Blacklist gesetzt wird, werden alle seine Daten, bis auf die E-Mail-Adresse, aus dem System gelöscht. Der Empfänger erhält von nun an unter keinen Umständen mehr E-Mails und kann sich auch an keiner Verteilerliste mehr anmelden.

Beim Versuch einer erneuten Anmeldung erscheint eine Fehlermeldung mit der Aufforderung, sich mit dem Listeneigner in Verbindung zu setzen. Dieser kann anschließend entscheiden, den Empfänger wieder von der Blacklist zu entfernen und ihm somit eine erneute Anmeldung ermöglichen.

1.3 Datenaustausch und Integrationen

1.3.1 Datenquellen der Empfängerdaten

Empfänger können auf verschiedenen Wegen in Ihr E-Mail-Marketing-Tool importiert oder exportiert werden. Nachfolgend die wichtigsten:

- Anmeldeformular auf der Webseite: Der Empfänger gibt seine Daten auf der Webseite in ein Formular ein. Beim Absenden des Formulars werden die Empfängerdaten an das E-Mail-Marketing-Tool übertragen und das eingestellte Anmeldeverfahren eingeleitet.
- Shop-System / CRM-System: Die Empfängerdaten liegen bereits in der Datenbank des Shop- oder CRM-Systems und werden über eine Schnittstelle in das E-Mail-Marketing-Tool importiert oder exportiert. Zusätzlich können weitere Daten wie z. B. Berichte übertragen werden.
- Datenbank: Aus ODBC/JDBC-Datenbanken lassen sich Empfängerdaten manuell importieren.
- XML: Empfängerdaten können manuell im XML-Format exportiert werden.
- XLS-/CSV-Datei: Empfängerdaten können manuell importiert oder exportiert werden.
- Manuelle Eingabe: Empfänger lassen sich direkt manuell in der jeweiligen Empfängerliste eintragen.

1.3.2 Connected E-Mail-Marketing

Die richtigen Inhalte zur richtigen Zeit am richtigen Ort und das möglichst effizient – das bietet Connected E-Mail-Marketing. Die meisten Unternehmen haben unterschiedliche Kundenmanagement-Systeme (CRM, CMS, ERP etc.), Shop-, Webtracking- oder Recommendation-Systeme im Einsatz. Hier werden diverse Kundeninformationen gehalten und gepflegt. Wird nun zusätzlich ein professionelles E-Mail-Marketing-Tool eingesetzt, besteht oft das Problem der einheitlichen Datenhaltung. Umso wichtiger ist es, eine Basis zu schaffen, um mit aktuellen und vollständigen Kundeninformationen aus jedem System heraus zu arbeiten. Dies erreichen Sie mit Integrationen. Eine Integration verbindet die einzelnen Systemlandschaften.

- **Integriertes E-Mail-Marketing: Kampagnen automatisieren und Zeit sparen**

Die Vernetzung der eingesetzten Systeme ist Basis für eine erfolgreiche Kommunikation. Ein professionelles E-Mail-Marketingsystem bietet zahlreiche Möglichkeiten, Kampagnen zu automatisieren. Transaktions- oder Trigger-Mails (aufgrund eines Anlasses, i. d. R. Datumswert, wie beispielsweise Geburtstage, oder einer Aktion) können einmalig angelegt und automatisiert versendet werden. Aber auch für Customer Lifecycle Kampagnen benötigen Sie in der Regel Daten aus Ihrem führenden System. Je mehr Empfängerinformationen verfügbar sind, desto individueller und zielgerichteter kann die Ansprache erfolgen.

Zwar können über eine Newsletter-Anmeldung Empfängerdaten oder -interessen abgefragt werden, aber Daten zu Konversionen (wie beispielsweise Kaufabschlüsse, Kaufdatum, Produkte, Warenkorbinhalte) liegen meist im Shop- oder Webtracking-System. Diese Daten sollten effizient und, wenn möglich, automatisiert zusammengeführt werden, am besten mit einer Integration. So können alle Daten von der Newsletter-Anmeldung bis hin zum Kaufverhalten inklusive der Aktionen im Online-Shop verwendet werden. In der Regel werden alle Systeme automatisch miteinander synchronisiert, sodass keine manuellen Empfänger-Importe oder -Exporte durchgeführt werden müssen. Die Individualisierung und Personalisierung der Mailings kann durch die entsprechenden Empfängerdaten vorgenommen werden. Mittels einer Content-Übernahme können sogar automatisiert Produkte oder Topseller aus einem Online-Shop per Eingabe der Produkt-ID oder anderer Kriterien in die Newsletter-Redaktion übernommen werden. So können Newsletter schnell und effizient erstellt werden.

Natürlich haben die meisten Shop-Systeme auch die Funktion, Serien-E-Mails zu versenden. Deren Funktionalität ist allerdings oft in technischer Hinsicht nur sehr einfach realisiert. Der Einsatz einer E-Mail-Marketingsoftware bietet Online-Shops daher viele Vorteile.

Informationen zur Datenanreicherung von Empfängerdaten erhalten Sie im nächsten Kapitel „Mailinggestaltung".

Literatur

1. Aschoff, Martin. 2005. *Professionelles Direkt- und Dialogmarketing per E-Mail. Inhalte richtig formulieren und gestalten, E-Mails sicher zustellen und auswerten, Praxistipps und Fallbeispiele*, 2. Aufl., München, Wien: Hanser.
2. BGH Urteil vom 16. Juli 2008 – VIII ZR 348/06, Payback-Urteil vom Bundesgerichtshof zum Thema „Bewusste Abgabe der Einwilligung" vom 16. Juli 2008 – VIII ZR 348/06
3. Beitrag von Gastautor Frank Stiegler: Rechtssichere Einwilligungserklärung (Teil 1), 11.11.2013 und Verteileraufbau: Was geht, was nicht? (Teil 2), 18.11.2013

Zugrundeliegende Gesetze

1. Gesetz gegen den unlauteren Wettbewerb (UWG), https://dejure.org/gesetze/UWG/, zuletzt zugegriffen am 29.04.2016
2. Bundesdatenschutzgesetz (BDSG), https://dejure.org/gesetze/BDSGI, zuletzt zugegriffen am 29.04.2016
3. Telemediengesetz (TMG), https://dejure.org/gesetze/TMG/, zuletzt zugegriffen am 29.04.2016

Mailinggestaltung

Martin Bucher, Katja Hänsler, Roman Schiffelholz, Michael Uhrich, Michael Waßmer

2.1 **Mailingformate** – 35
2.1.1 Text – 35
2.1.2 HTML – 35
2.1.3 Multipart – 36

2.2 **So werden Ihre E-Mails gelesen** – 36
2.2.1 Mehr Leselust: So sagt Ihre E-Mail „Lies mich!" – 36
2.2.2 Motivierende Betreffzeilen – 38
2.2.3 Mit Editorial und Direktansprache gehen Sie auf den Leser zu – 38
2.2.4 Hervorheben und führen – denn Zeit ist Geld – 39
2.2.5 Weiterführende Links: „Mehr Tipps gibt's hier …" – 39
2.2.6 Verständlich bleiben ist das A und O! – 39

2.3 **Erstellung eines Textmailings in Inxmail Professional** – 41
2.3.1 Redaktion – 42
2.3.2 Prüfung – 44
2.3.3 Freigabe – 44
2.3.4 Empfänger – 44
2.3.5 Versand – 44
2.3.6 Auswertung – 45

2.4 **Newsletter-Design** – 45
2.4.1 Newsletter Wahrnehmung – 45
2.4.2 Newsletter Prozess aus Sicht des Empfängers – 46
2.4.3 Landingpages (Zielseiten) – 46
2.4.4 Newsletter – 50

2.5 **Personalisierung** – 58
2.5.1 Voraussetzungen – 58
2.5.2 Personalisierungsmöglichkeiten – 61

© Springer Fachmedien Wiesbaden 2016
M. Bucher et al., *Erfolgreicher Einstieg ins professionelle E-Mail-Marketing*, DOI 10.1007/978-3-658-14377-0_2

2.6		**Anzeigenplatzierung in Newslettern – 65**
2.6.1		Newsletteranzeigen – Eine zusätzliche Umsatzquelle für E-Mail-Marketer – 65
2.6.2		Anzeigenplätze in Newslettern vermarkten – Wie funktioniert das? – 68
2.6.3		Lohnt sich das ausgabenbasiertes Anzeigenmanagement finanziell? – 69
2.6.4		Anzeigenformate: Textanzeige, Bildanzeige und NativeAds – 70
2.6.5		Software für den zeitsparenden und fehlerlosen Prozess der Anzeigenbuchung – 71
2.7		**Templateprinzip – 73**
2.7.1		HTML vs. Template – 73

Literatur – 74

2.1 Mailingformate

Im E-Mail-Marketing gibt es drei Mailingformate: Text, HTML und Multipart. Natürlich hat jedes Format seine Daseinsberechtigung. Nachfolgend ein kurzer Überblick der einzelnen Mailingformate.

2.1.1 Text

Text-Mailings werden meist für Pressemeldungen und wissenschaftliche Informationen genutzt. Diese Informationen sollen ohne großen Schnickschnack versendet werden. Die meisten Text-Mailings werden im B2B-Bereich verschickt.

Die Vorteile liegen auf der Hand: Ein Mailing, das nur aus Text besteht, ist von jedem E-Mail-Client ohne Probleme darstellbar. Außerdem besteht kaum die Gefahr von Viren.

Allerdings können Sie in Text-Mailings keine verkürzten Hyperlinks, Bilder oder sonstige Formatierungen einfügen. Ein Transport von visuellen Emotionen ist somit nicht möglich. Die Übersichtlichkeit eines solchen Mailings ist ebenfalls durch die geringen Darstellungsmöglichkeiten sehr begrenzt.

Da keine Bilder integriert werden können, lässt sich die Öffnungsrate nur durch Klicks messen, was keine exakte Öffnungsrate zulässt.

2.1.2 HTML

HTML-Mailings kommen bei einem hohen Bildanteil zum Einsatz. Informationen können dabei gegenüber der Nur-Text-Version sehr ansprechend aufbereitet werden. Die meisten Mails im B2C-Bereich sind HTML-Mails.

In HTML-Mails können Sie wie auf Webseiten mit Hyperlinks und Formatierungen arbeiten. Bilder lassen sich direkt ins Mailing einbetten oder verlinken und ein Tracking per Zählpixel ist ebenfalls möglich. So kann die Öffnungsrate Ihres Mailings genauer bestimmt werden als bei den Nur-Text-Mailings.

HTML-Mails in allen gängigen E-Mail-Clients dazustellen, ist sehr arbeitsintensiv. Der Quellcode des Mailings muss an jeden Client angepasst werden.

Vermeiden Sie reine HTML-Mails ohne Text-Variante. Zum einen können diese nicht von allen Empfängern und E-Mail-Clients korrekt dargestellt werden, zum anderen wirken sich reine HTML-Mails negativ auf die Spambewertung aus.

2.1.3 Multipart

Die meisten Empfänger lesen Newsletter im HTML-Format. Einige Empfänger bevorzugen ihren Newsletter im Text-Format. Wir empfehlen, den Newsletter im Multipart-Format zu versenden. Hierbei wird die HTML- und Text-Version zusammen in einer E-Mail versendet, sodass dem Leser selbst bei deaktivierter HTML-Ansicht alle Inhalte in Text-Form dargestellt werden. Jeder Empfänger erhält so eine lesbare E-Mail.

2.2 So werden Ihre E-Mails gelesen

Stefan Gottschling, SGV Verlag

- **Texten im E-Mail-Marketing: So werden Ihre Mails gelesen**

Text ist noch immer der am meisten unterschätzte Wettbewerbsfaktor. Verwunderlich eigentlich. Leben wir doch in einer Zeit, in der zur klassischen Marketing-Kommunikation, die um Abschlüsse wirbt, auch das Content-Marketing tritt. Auch – oder gerade – bei jeder E-Mail entscheiden Sekundenbruchteile über Lesen oder Wegklicken. Wie schaffen Sie es, dass der Empfänger genau Ihre E-Mail öffnet? Und wenn er dann „drin" ist: Wie halten Sie ihn bei der Stange? Es gibt 6 klare Regeln, die helfen, dass Ihre E-Mails gelesen werden.

2.2.1 Mehr Leselust: So sagt Ihre E-Mail „Lies mich!"

In der Informationsflut unserer Zeit droht man immer mehr zu ertrinken. Bis zu 100 E-Mails pro Tag? Bei vielen keine Seltenheit mehr. Klar, dass man aus der Vielzahl an Werbung und Newslettern auswählt und nur die wirklich liest, die einen überzeugen. Doch wie hebt sich gerade der eigene Newsletter oder die eigene Werbe-E-Mail von der Masse ab? Wie schafft man es, beim Kunden ein „Lies mich!" zu vermitteln?

Es ist einfacher, als man denkt. Denn es gibt 5 Hauptmotive, warum sich Menschen mit Informationen beschäftigen. Bereits in der ersten Begegnung mit einem Newsletter aktivieren Betreff, Grafiken, Headlines und klare Strukturen und motivieren zum Weiterlesen. Dabei muss mindestens einer der folgenden 5 Gründe in Bild und Text erkennbar sein.

- **Angst / Druck: Wir lesen, wenn wir lesen müssen.**

Angst und Druck sind starke Motive, sich mit Informationen zu beschäftigen. Sie wirken, wenn Gerichtspost ins Haus flattert oder eine betriebliche Mitteilung die eigene Karriere betrifft. Druck ist also auch ein starker Motivator für Werbeleser – sofern er von außen „gesetzt" wird. Wer mit seinen Angeboten hilft, diesen Druck abzubauen, gewinnt Aufmerksamkeit.
- Nur noch bis …
- Gleich bestellen …
- Limitierte Auflage …

- **Neugier: Wer sie erzeugt, erhält Aufmerksamkeit.**

In der Werbung nutzt man das Motiv „Neugier" – im Text durch starke Headlines oder aktivierende Anreißertexte. Oft wird hier nur die halbe Wahrheit verraten, aber so viel Spannung erzeugt, dass der nächste Klick oder ein „Weiterlesen" garantiert erfolgt.
- Entdecken Sie …
- Testen Sie …
- Probieren Sie …

- **Bekanntes: Was wir kennen, interessiert uns mehr.**

Entdecken wir Bekanntes in einer Information, sind wir eher geneigt, uns damit zu beschäftigen. In der Werbung macht man sich dieses Wissen zunutze: durch namentliche Ansprache, Schlüsselwörter, sonstige Gemeinsamkeiten. So nehmen Sie Leser an die Hand und führen in den Text. Im Newsletter ruft man sich mit einem bekannten Betreff leicht ins Gedächtnis der Empfänger. So öffnen sie diese E-Mails gerne wieder – wenn der Inhalt das letzte Mal überzeugt hat. Ein Beispiel:
- Ihr Textertipp im April: Social Media – Mehr Likes, mehr Fans, mehr „Renner-Potenzial".
- Ihr Textertipp im März: 7 Techniken gegen Schreibblockaden.

- **Nutzen: Wir sind auf der Suche nach Vorteilen.**

Erkennt ein Leser Vorteile für sich, steigt sein Interesse. Achten Sie also darauf, Produktmerkmale tatsächlich in Leservorteile oder Nutzen zu verwandeln. Im Verkaufstext unabdingbar!
- Neu: …
- 30 % Rabatt …
- Sparen Sie …

- **Schnelle Auswertbarkeit: Was einfach auszuwerten ist, kommt zuerst.**

Unser Gehirn beschäftigt sich zunächst mit Informationen, die einfach zu erfassen sind. Deshalb werden Bilder vor Text angeschaut, deshalb lesen wir kurze Absätze vor langen. Und deshalb sollten Sätze kurz, einfach und klar formuliert sein. Auch Hervorhebungen durch Fettung stechen ins Auge und werden zuerst erfasst. Hier müssen deshalb wichtige Informationen, Tipps oder Vorteile enthalten sein. E-Mail-Marketing braucht eine Struktur, die signalisiert: „Diese Informationen sind einfach auszuwerten."

2.2.2 Motivierende Betreffzeilen

Schon hier fällt die Entscheidung über Lesen oder Löschen: der Betreff. Soll heißen: Schon in dieser kleinen Zeile müssen – ähnlich wie bei der Schlagzeile in der Zeitung – die wichtigsten Fakten den Leser erreichen. Nehmen Sie sich die Zeit und formulieren Sie einen aussagekräftigen, spannenden Betreff. Er soll den Empfänger auf den Inhalt neugierig machen und in die Mail hineinziehen. Mein Tipp: Suchen Sie das „3-Wort-Wunder". Beim Blick auf Headlines und Co. erfasst das Auge 3 bis maximal 4 Wörter. Und mit großer Wahrscheinlichkeit haben Sie auch nur so viel Raum, um mit Ihrer Botschaft im Kopf des Lesers zu landen. Darum: Fassen Sie sich kurz und packen Sie den wichtigen Input an den Anfang Ihres Betreffs: „10 Tipps zum Download – exklusiv für Neu-Abonnenten".

2.2.3 Mit Editorial und Direktansprache gehen Sie auf den Leser zu

Nutzen Sie die persönliche Ansprache, um auf Ihren Leser zuzugehen. Am besten direkt in einem kurzen Editorial mit persönlicher Anrede. Auch wenn hier nur wenige Sätze stehen. Sie machen neugierig und führen in den eigentlichen Inhalt hinein. Und das kann dann vielleicht so aussehen: „Sehr geehrter Herr Müller, heute geht's um ein Tool, das Ihre Mitarbeiter in eine andere Liga bringt …". Für den Einstieg in den Newsletter genügen oft schon ein paar Sätze. Hier stellen Sie Höhepunkte und Vorteile heraus und sprechen die Interessen des Lesers an. Wer seine Kunden direkt anspricht, unterschreibt auch am besten persönlich. Entweder in PC-Schrift mit Vorname und Name oder – noch persönlicher – per eingescannter Handschrift. Ganz wichtig: Die Unterschrift enthält (einigermaßen) leserlich Vor- und Nachname.

2.2.4 Hervorheben und führen – denn Zeit ist Geld

Wenn der Blick beim ersten Scannen über den Newsletter fliegt, bleibt wenig Zeit, die wichtigsten Themen zu erkennen. Gut ist es, wenn Sie hier hervorheben, was unbedingt gelesen werden soll. So führen Sie den Leser zu den besten Vorteilen, lukrativsten Angeboten und natürlich zum Klick. Das spart ihm Zeit beim Durchforsten seines E-Mail-Eingangs und bringt Ihnen Geld, wenn er aus den vielen Angeboten das annimmt, das in Ihrem Newsletter auf den ersten Blick zu erkennen ist.

Hervorheben lässt sich am besten durch Fettdruck und natürlich Verlinkungen. Auch Bilder und Videos fallen besonders auf, vorausgesetzt Sie übertreiben es nicht. Im Text gilt: eine Hervorhebung pro Absatz genügt.

2.2.5 Weiterführende Links: „Mehr Tipps gibt's hier …"

Die Anzahl der News ist groß – aber: Ein Newsletter ist selten ein Lesemedium. Hier helfen weiterführende Links. Mit kurzen Teasern, die Lust auf mehr machen, reißen Sie Ihre News und Angebote in der E-Mail an. Dieses „Mehr" bieten Sie auf speziellen Landingpages oder in Social Communitys. Ein großer Vorteil dabei: Wer den Link klickt, kommt direkt auf Ihre Website oder zu Ihrer Fanpage. Dort findet er neben den Informationen, die er sucht, natürlich auch weitere Angebote. Das steigert Ihre Chance auf zusätzliche Klicks oder Käufe.

Achten Sie beim Texten von Links darauf, dass diese auch tatsächlich zum Weiterklicken einladen. Manchmal reicht sicher ein einfaches „mehr". Jedoch wirken Führungsfloskeln wie „zum Wunsch-Urlaub", „Ihr Gratis-Videokurs" oder „Alle Vorteile des Seminars …" wesentlich stärker.

2.2.6 Verständlich bleiben ist das A und O!

Und wie baut man eine gute E-Mail nun inhaltlich auf? E-Mail-Autoren fassen sich kurz und orientieren sich an den Fakten. Lange Texte ermüden. Eine einfache Regel lautet: Wir kaufen dort, wo wir verstehen. Der Text muss mühelos im Gehirn Ihrer Leser landen. Fremdwörter und Fachbegriffe stehen hier meist im Weg und machen den Text wieder schwieriger. Deshalb: Bleiben Sie verständlich.

- **Verwenden Sie kurze und prägnante Sätze.**

Zu lange Sätze machen es dem Leser schwer, den roten Faden zu behalten. Hüten Sie sich also vor Schachtelsätzen! Erkennt Ihr Leser das Satzende und hat er bis dahin verstanden, ist das ein kleines Erfolgserlebnis. Setzen Sie ihn also frühzeitig, den Punkt. Obergrenze für Ihre Sätze: 14 Wörter.

- **Bleiben Sie ganz persönlich!**

Wo lässt sich „ich/wir/uns/unser" in „Sie/Ihre/Ihnen" verwandeln?

- **Führen Sie Ihre Leser ganz aktiv …**

…durch prominente Call-to-Actions: z. B. Führung („mehr …"), Führung mit Sinn („Zur Buchung").

- **Nennen Sie Vorteile …**

…wie „Gratis-Download abholen".

- **Schreiben Sie bildhaft.**

Vorsicht bei Hauptwörtern, die mit -ung, -keit, -heit, -ät, -ion, -ive, -ismus enden und Hilfsverben wie können, möchten, sollen.

- **Formulieren Sie positiv.**

Meiden Sie negative Begriffe wie kein, nicht, nein und die Vorsilbe un-.

Wenn die E-Mail doch mal länger wird, gilt die alte Regel: „Das Wichtigste zuerst." Denn mit einem E-Mail-Empfänger ist es wie mit jedem Leser. Wer sich nicht informiert fühlt, langweilt sich und hört auf zu lesen. Also muss die Schlüsselfrage, die jeder Leser stellt, sofort beantwortet werden: „Warum soll ich das lesen?"

> Gastautor Stefan Gottschling, SGV Verlag
> Dieser Beitrag wurde von unserem Gastautor Stefan Gottschling verfasst. Er leitet den Texterclub und den SGV Verlag, ist Fachautor, Dialogmarketer und Texter aus Leidenschaft. Er war Texter und Kreativchef eines großen Fachverlags, Geschäftsführer einer Multimedia-Agentur (Deutscher PR-Preis), einer der Gründer und Geschäftsführer der Textakademie GmbH. Heute ist er als Vorstand des Bundesverbandes professioneller Werbetexter Deutschland e. V. (BPWD) und des Instituts für messbare Werbung & Verkauf (IMW) aktiv. Gottschling gilt als Spezialist für verkaufsstarke Texte. Seine Bücher, der kostenlose Textertipp und seine Texterseminare gehören zu den Standards in der Texter-Ausbildung.

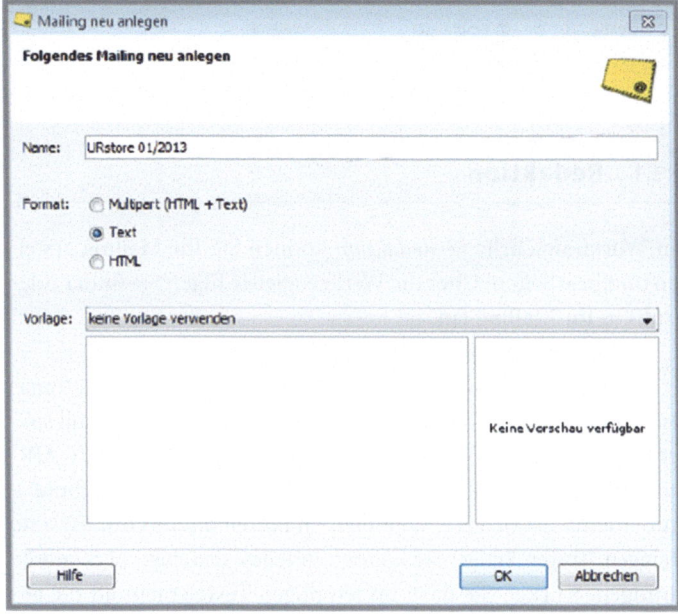

◘ **Abb. 2.1** Mailing neu anlegen

2.3 Erstellung eines Textmailings in Inxmail Professional

Bevor Sie mit der Mailingerstellung beginnen, müssen Sie vorbereitend eine Mailingliste anlegen und dieser Empfänger zuweisen. Natürlich können Sie auch in einer bereits bestehenden Liste arbeiten.

Den Inhalt Ihres Mailings erstellen Sie im Agenten ✉ Mailings im Reiter Mailings der gewünschten Mailingliste.
1. Klicken Sie auf die Schaltfläche ▢ *(Mailing neu anlegen)*.
2. Tragen Sie den Namen für das Mailing ein (siehe ◘ Abb. 2.1). Unter diesem Namen erscheint es später in der Mailingtabelle.
3. Wählen Sie als Format „Text" aus.
4. Unter „Vorlage" bitte die Option „Keine Vorlage verwenden" auswählen.
5. Klicken Sie auf OK.

Ein neues, leeres Mailing im Format Text wird erstellt und in einem neuen Reiter geöffnet. Sie befinden sich im ersten Schritt des Inxmail Professional Newsletter Workflows: „Redaktion"(siehe ◘ Abb. 2.2).

Abb. 2.2 Inxmail Workflow Prinzip

2.3.1 Redaktion

Im Workflowschritt *Redaktion* können Sie Ihr Mailing erstellen und bearbeiten. Über die Werkzeugleiste fügen Sie Bilder oder Links in Ihr Mailing ein.

Unser Beispiel soll wie Abb. 2.3 zeigt aussehen:

Beachten Sie, dass der zuvor festgelegte Mailing-Name automatisch als Betreff übernommen wird. Ändern Sie diesen. Er soll später den Leser zum Öffnen des Mailings motivieren (anstatt „URstore 01/2013" besser „Speziell für Sie: Unsere Top-Angebote"). Außerdem lässt sich mit Symbolen im Betreff oft die Öffnungsrate steigern. Testen Sie es! Sie können in jedes Textelement Symbole einfügen. Klicken Sie dazu im jeweiligen Textelement an die gewünschte Stelle, an welcher das Symbol später erscheinen soll. Wählen Sie in der Werkzeugleiste die Schaltfläche (Symbole einfügen) aus, öffnen Sie die gewünschte Kategorie und klicken Sie auf das favorisierte Symbol. Der Betreff sollte nicht länger als 40–50 Zeichen sein, da er ansonsten von einigen E-Mail-Clients nicht vollständig angezeigt wird.

Klicken Sie danach in den Editor (linker Bereich) und beginnen Sie mit dem Schreiben Ihres Mailings.

Vergessen Sie nicht die rechtlichen Pflichtangaben: Das Impressum wollen wir lediglich kurz andeuten. Natürlich können Sie auch Ihr ausführliches Impressum einfügen. Des Weiteren muss der Abmeldelink in das Mailing integriert werden. Dazu gehen Sie wie folgt vor:

Klicken Sie an die Stelle in Ihrem Mailing, an der Sie den Link einfügen möchten. Klicken Sie auf die Schaltfläche *(Link einfügen)*.

Wählen Sie im Dialogfenster „Abmelde-Link (unsubscribelink)" aus. Dieser soll direkt das Abmeldeverfahren starten.

1.) Abmeldelink
Nachdem Sie den Linktyp bestimmt haben, geben Sie im Feld Linkadresse die URL der Webseite an, auf die verlinkt werden soll (z. B. ▶ http://sample-company.org/abmeldung.html). Wenn ein Text anstelle der Linkadresse angezeigt werden soll, geben Sie den Text im Feld „Linktext" an.

2.3 · Erstellung eines Textmailings in Inxmail Professional

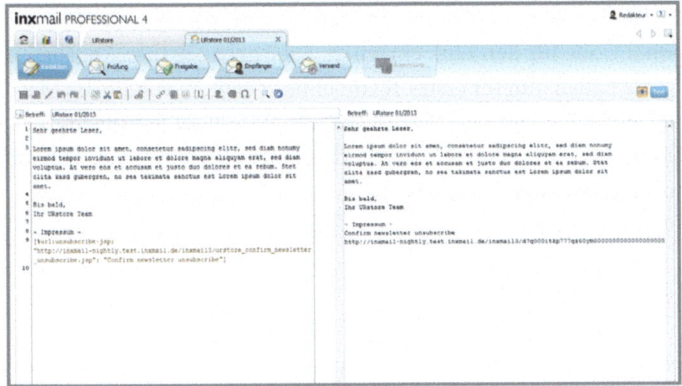

Abb. 2.3 Inxmail Workflowschritt: Redaktion

Tracking- und Abmeldelinks werden immer getrackt. Wenn Sie möchten, dass der Link unter einem speziellen Namen in den Berichten erscheint, können Sie diesen Namen im Feld „Name im Bericht" angeben. Optional kann mit einem Tracking-Link eine Aktionsabfolge ausgelöst werden, was wir in diesem Beispiel jedoch nicht nutzen wollen.

Die weiteren Linktypen lernen Sie später ausführlich kennen. Trotzdem hier vorab eine kurze Beschreibung dazu:

2.) Tracking-Link
Wählen Sie diesen Linktyp, um den Link zu tracken (d. h. zu zählen, wie oft auf den Link geklickt wurde). Entscheiden Sie sich dann, ob Ihr Link anonym oder persönlich getrackt werden soll.
- Anonymes Tracking: Alle Klicks auf diesen Link werden gezählt (jeder Klick wird gezählt, unabhängig davon, ob die Person zuvor bereits auf diesen Link geklickt hatte). Es werden keine personenbezogenen Daten gespeichert.
- Persönliches Tracking: Alle Klicks auf diesen Link werden gezählt (jeder Klick wird gezählt unabhängig davon, ob die Person zuvor bereits auf diesen Link geklickt hatte) – zusätzlich werden bei dieser Tracking-Art auch die eindeutigen Klicks gezählt (d. h. pro Person wird maximal ein Klick (Erstreaktion) gezählt). Es werden dabei personenbezogene Daten gespeichert.

3.) Standard-Link
Wählen Sie diesen Linktyp für einen Link, der nicht getrackt werden soll (d. h. bei dem nicht gezählt werden soll, wie oft auf den Link geklickt wurde).

Klicken Sie auf OK. In Ihr Mailing wird der Inxmail Professional Code für den Link eingefügt. Speichern Sie Ihre Angaben.

Sie haben nun Ihr erstes Textmailing erstellt. Bevor Sie das Mailing versenden, müssen Sie die weiteren Workflow-Schritte durchgehen. In den späteren Kapiteln dieses Buches wird jeder Schritt nochmals ausführlicher erklärt.

2.3.2 Prüfung

Bevor Sie ein Mailing an Ihre Empfänger versenden, sollten Sie es unbedingt auf inaktive Links, Darstellung und Qualitätsmängel testen. Eine vollständige Kontrolle Ihres Mailings führen Sie im Workflowschritt *Prüfung* durch. Mehr Informationen zu diesem Thema finden Sie im späteren Block Qualitätssicherung.

2.3.3 Freigabe

In diesem Workflowschritt geben Sie Ihr Mailing für den Versand frei. Klicken Sie dazu auf die Schaltfläche ▶ *Sofort freigeben* und tragen Sie einen Kommentar ein. Ohne Freigabe kann das Mailing nicht versendet werden.

Die Freigabe des Mailings können Sie jederzeit zurückziehen. Dazu klicken Sie auf die Schaltfläche ● *Freigabe zurückziehen*.

Unterhalb der Freigabe-Schaltflächen wird Ihnen das Freigabe-Protokoll angezeigt.

2.3.4 Empfänger

Im Workflowschritt *Empfänger* legen Sie fest, welche Empfänger Ihr Mailing erhalten sollen. Hier entscheiden Sie, ob das Mailing an alle Empfänger Ihres Mailings gesendet werden soll oder nur an bestimmte Zielgruppen.

2.3.5 Versand

Nach dem vollständigen Test des Mailings, der Freigabe und der Empfänger-auswahl können Sie den Versand konfigurieren. Gehen Sie dafür in den Workflowschritt *Versand*.

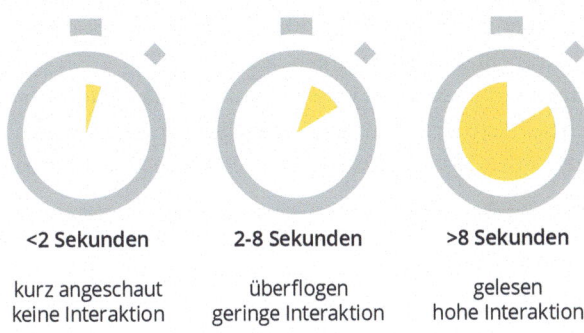

Abb. 2.4 Wahrnehmungsphasen eines Newsletters

2.3.6 Auswertung

Nach dem erfolgreichen Versand können Sie im Workflowschritt *Auswertung* die wichtigsten Erfolgskennzahlen und eine visuelle Linkauswertung des Mailings einsehen.

2.4 Newsletter-Design

2.4.1 Newsletter Wahrnehmung

2.4.1.1 Lesezeit

Die wenigsten Empfänger lesen Ihren Newsletter vollständig (siehe Abb. 2.4). Darum muss sich die Kernaussage Ihres Newsletters bereits aus den ersten Textzeilen erschließen. Bildschirmtexte werden vom Leser eher gescannt als sorgfältig gelesen. Daher empfehlen wir Ihnen, die einzelnen Artikel übersichtlich zu strukturieren und die wichtigsten Begriffe klar hervorzuheben. Dies kann durch Aufzählungspunkte oder Fettschrift geschehen. Aber nicht übertreiben!

Erschlagen Sie den Leser nicht mit zu viel Text. Verwenden Sie stattdessen kurze und prägnante Texte. Nutzen Sie knackige Überschriften, um Themen voneinander zu trennen und schaffen Sie Absätze, um Inhalte aufzulockern. Benutzen Sie positive Begriffe und formulieren Sie lebendig und anschaulich. So schaffen Sie einen Bezug zum Leser und fordern ihn zum aktiven Handeln auf.

Alles, was über acht Sekunden Lesezeit liegt, gilt als „Newsletter wurde gelesen" (Newsmarketing 2009). Eine Interaktion des Lesers ist dabei sehr wahrscheinlich.

Wird der Newsletter nur zwei bis acht Sekunden gelesen, hat ihn der Leser überflogen. Interaktionsmöglichkeiten wurden wahrgenommen (aber meist nicht ausgeführt) und die Interessensgebiete konnten ebenfalls erfasst werden.

Alles unter zwei Sekunden Lesezeit lässt sich als „sehr flüchtig angeschaut" kategorisieren. Der Newsletter wird meist nach einer kurzen Orientierungsphase gelöscht. Ein Erfolg ist nicht zu verzeichnen.

2.4.1.2 Leseverhalten

Generell liest der Empfänger den Newsletter von links nach rechts (siehe ◘ Abb. 2.5). Dabei erzeugen vor allem Bilder die Aufmerksamkeit. Wichtiges sollte in den oberen Bereich des Newsletters integriert werden. Ein kurzer, knackiger Newsletter ist erfolgreicher als ein überladener (Qualität statt Quantität).

2.4.2 Newsletter Prozess aus Sicht des Empfängers

Die meisten Unternehmen legen das Hauptaugenmerk bei der Newsletter-Gestaltung auf den Newsletter. Allerdings spielen die dazugehörigen Zielseiten (Landingpages) inklusive An- und Abmeldeformulare ebenfalls eine wichtige Rolle. Alles zusammen (siehe ◘ Abb. 2.6) macht den Erfolg einer Newsletter-Kampagne aus.

2.4.3 Landingpages (Zielseiten)

Der Erfolg eines Newsletters hängt entscheidend von den Webseiten ab, die per Klick auf einen weiterführenden Link erreicht werden. Eine optimal gestaltete Landingpage kann die Konversionsrate enorm steigern.

Der weiterführende Link eines Newsletter-Artikels muss immer direkt auf die passende Zielseite führen und nicht auf die allgemeine Webseite eines Unternehmens. Der Leser hat keine Lust, auf der Webseite nach dem passenden Artikel zu suchen. Außerdem schwindet dabei die Wahrscheinlichkeit einer Aktion immens.

Vielmehr will der Leser die Neugierde, die Sie im Newsletter geweckt haben, über den Link zur Landingpage vertiefen (z. B. Studie downloaden, Gutschein sichern etc.). Aus diesem Interesse bzw. der Neugierde entsteht beim Leser eine Erwartung. An diese geweckte Erwartung muss auf der Landingpage angeknüpft werden.

2.4 · Newsletter-Design

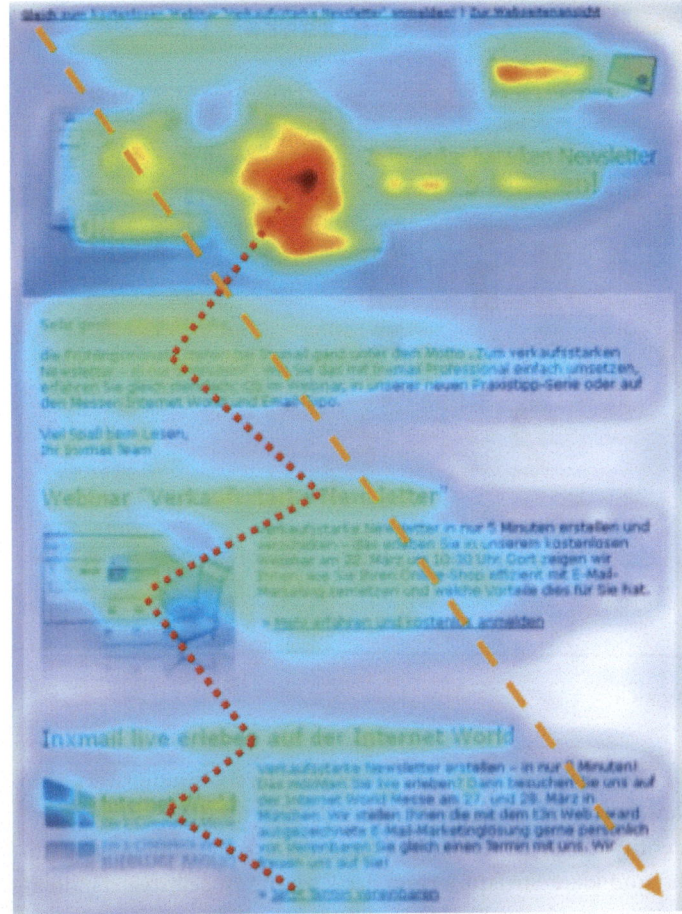

◘ Abb. 2.5 Blickverlauf beim Lesen eines Newsletters

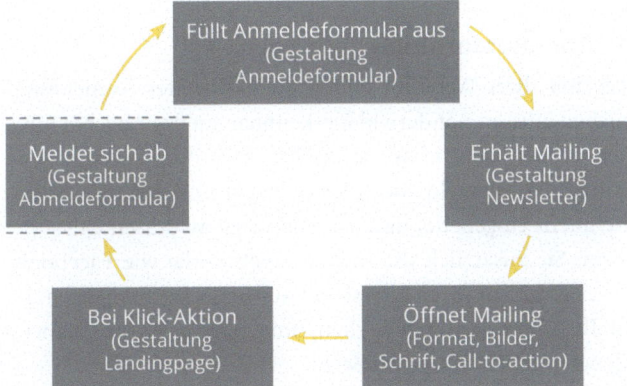

◘ Abb. 2.6 Newsletter Life-Cycle aus Empfängersicht

Abb. 2.7 Newsletter passend zur Landingpage (CI)

Die Landingpage sollte einen Wiedererkennungswert zum Newsletter bieten (siehe Abb. 2.7) und an die CI (Corporate Identity) Ihres Unternehmens angelehnt sein. Eine übersichtliche und klare Strukturierung der Zielseite ist selbstverständlich. Optimieren Sie die Zielseite auf ihren Zweck hin. Normalerweise verzichtet man dabei auf Inhalte, die vom eigentlichen Angebot ablenken könnten (z. B. Navigation).

2.4.3.1 Anmeldeformular

Die Besucher Ihrer Webseite sollten die Newsletter-Anmeldung nicht suchen müssen, sondern klar erkennbar auf das Angebot hingewiesen werden, beispielsweise per Info-Box oder Navigations-Verlinkung. Das Anmeldeformular ist meist in die Webseite des Unternehmens eingebettet und orientiert sich an dessen CI.

Nutzen Sie zusätzlich die sozialen Netzwerke wie Facebook oder Twitter, um auf Ihren Newsletter aufmerksam zu machen. Je öfter Sie Ihren Newsletter bewerben, umso größer ist die Chance, den eigenen Verteiler zu vergrößern.

Das Wichtigste bei der Gestaltung des Anmeldeformulars: Denken Sie daran, die Vorteile Ihres Newsletters hervorzuheben. Überzeugen Sie den Interessenten, warum er Ihren Newsletter abonnieren sollte und führen Sie die relevanten Argumente auf.

Dies können Fachinformationen sein, die er nur oder mit zeitlichem Vorsprung über Ihren Newsletter erhält. Auch Rabattaktionen, Gutscheine und Sonderangebote sowie Whitepapers oder E-Books sind Gründe, den Newsletter zu abonnieren.

Durch Verlinkung auf den letzten Newsletter oder das Newsletter-Archiv können Interessenten einen ersten Eindruck von Ihren Angeboten gewinnen. Grundsätzlich gibt es drei verschiedene Newsletter-Anmeldeverfahren. Wir raten von der Single Opt-in und Confirmed Opt-in Variante ab, da Missbrauch durch Dritte nicht ausgeschlossen werden kann. Verwenden Sie stattdessen das rechtlich sichere Double-Opt-In-Anmeldeverfahren. Hier muss die Anmeldung nach dem Ausfüllen des Formulars in einer separaten E-Mail durch Klicken eines Links bestätigt werden.

Liefern Sie sowohl im Anmeldeformular, den Landingpages als auch in der Bestätigungs-Mail klare Handlungsanweisungen.

Beachten Sie bei der Gestaltung Ihrer Newsletter-Anmeldung die rechtlichen Vorgaben. So beugen Sie zum einen unnötigem Ärger vor und schaffen zum anderen bereits bei der Anmeldung Vertrauen bei Ihren zukünftigen Lesern.

Rechtlich gesehen dürfen Sie im Anmeldeformular nur Daten, die zur Erbringung des Dienstes notwendig sind, als Pflichtfeld abfragen (§3a BDSG). Beim Newsletter ist dies daher lediglich die E-Mail-Adresse. Pflichtfelder müssen eindeutig als solche gekennzeichnet werden. Weitere Daten können optional abgefragt werden. Beschränken Sie sich jedoch unbedingt auf wenige Daten, da zu lange Formulare den Interessenten abschrecken. Informieren Sie den zukünftigen Abonnenten über die Verwendung seiner angegebenen Daten und verweisen Sie zudem auf die Datenschutzerklärungen.

Wichtig ist außerdem ein Hinweis auf das Widerspruchsrecht (§8 Abs. 4 BDSG) – also die Information, dass das Newsletter-Abonnement zu jeder Zeit beendet werden kann (siehe ◘ Abb. 2.8).

Achten Sie bei der Verwendung von Double Opt-In darauf, dass die Bestätigungs-Mail neben allen wichtigen Daten auch ein Impressum enthält und frei von Werbung ist.

2.4.3.2 Abmeldeformular

Was auch immer die Kündigungsgründe sind: Machen Sie dem Empfänger die Abmeldung trotzdem so einfach wie möglich. Jedes Mailing muss einen Abmeldelink enthalten, damit sich der Empfänger jederzeit und mit nur einem Klick aus der Empfängerliste austragen kann. Möchten Sie Rückschlüsse aus den Abmeldungen ziehen, um Ihr Mailing weiter zu optimieren und die Abmelderate zu senken, empfiehlt es sich, die Beweggründe auf der nachge-

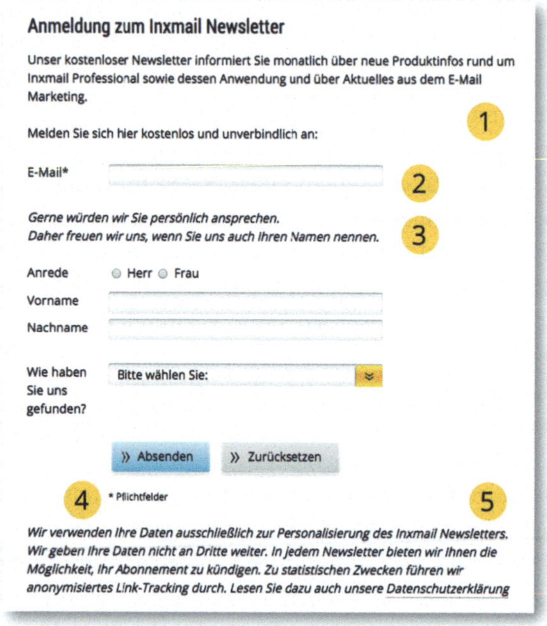

Abb. 2.8 Anmeldeformular Inxmail Newsletter. *1* Inhalt, Frequenz, Kosten, *2* E-Mail als einziges Pflichtfeld, *3* Aufklärung Datenschutz, *4* Kennzeichnung Pflichtfelder, *5* Hinweis Datenschutz und Kündigung

lagerten Landingpage zu erfragen. Halten Sie diese Abfrage mit wenigen Antwortvorgaben kurz. Erfahrungsgemäß sind über 50 % der Abmelder bereit, den Abmeldegrund anzugeben.

Das Abmeldeformular sollte schlicht gehalten werden. So kann eine einfache Bedienung für den Leser sichergestellt werden. Fragen Sie den Abmeldegrund ab, damit Sie die Möglichkeiten haben, weitere Abmeldungen zukünftig zu minimieren.

Oft lassen sich Abmeldungen auch dadurch abwenden, dass Sie dem Leser „weitere Optionen" anbieten: Dies kann beispielsweise durch die Minimierung der Newsletter-Frequenz oder die Festlegung auf ein Themengebiet geschehen.

2.4.4 Newsletter

2.4.4.1 Absender

Wiedererkennung ist das A und O. Dies gilt nicht nur für die Gestaltung Ihres Newsletters, sondern auch für die Absender-Adresse. Denn diese ist neben dem Betreff das Erste, was der Leser zu sehen bekommt und daher entscheidend dafür, ob Ihre E-Mail geöffnet wird oder ungelesen im Papierkorb verschwindet.

2.4 • Newsletter-Design

Bereits aus der Absender-Adresse muss hervorgehen, wer den Newsletter versendet. Gerade kommerzielle E-Mails dürfen den Empfänger nicht in die Irre führen – dies ist durch das Telemediengesetz klar vorgeschrieben (§2 Abs. 2). Ein geeignetes Beispiel ist „Firma XY Newsletter <newsletter@firma-xy.de>". Da einige Mail-Clients lediglich die ersten 15 bis 22 Zeichen des Absenders anzeigen, sollte Ihr Firmenname innerhalb der ersten 15 Zeichen erkennbar sein. Verwenden Sie für jede Ausgabe denselben Absender.

Natürlich muss die Absender-Adresse tatsächlich existieren und von Ihnen regelmäßig abgerufen werden. Einige Abonnenten werden auf Ihre Mailings antworten und weitere Informationen anfordern, Bestellungen tätigen oder eventuell den Newsletter kündigen. Verwenden Sie daher auf keinen Fall eine No-Reply-Adresse.

2.4.4.2 Betreffzeile

Neben dem Absender ist der Betreff ein ebenso wichtiger Türöffner beim Empfänger. Die Betreffzeile muss den Leser neugierig machen und ihn zum Öffnen des Newsletters animieren. Schwierig wird dies mit Betreffzeilen, die lediglich allgemeine Angaben wie beispielsweise „Newsletter Februar 2015" enthalten. Stellen Sie stattdessen das Interesse des Lesers in den Vordergrund und sagen Sie dem Empfänger, was ihn erwartet und warum er den Newsletter öffnen sollte, z. B.: „Sparen Sie 25 % bei Ihrer nächsten Erholung". Testen Sie, wie sich Symbole im Betreff positiv auf Ihre Öffnungsrate auswirken können.

Die meisten E-Mail-Clients kürzen aufgrund von Platzmangel zu lange Betreffzeilen. Fassen Sie sich daher kurz und platzieren Sie die wichtigsten Worte am Anfang der Betreffzeile. Mit 40–50 Zeichen sind Sie auf der sicheren Seite.

Vermeiden Sie vollständig großgeschriebene Wörter im Betreff, da diese Spamverdacht auslösen können. Vorsicht ist auch bei reißerischen Wörtern, vielen Ausrufezeichen und Fragezeichen im Betreff geboten.

2.4.4.3 Aufbau

Wenn der Leser Ihren Newsletter geöffnet hat, haben Sie bezüglich Absender und Betreff alles richtig gemacht. Ihr Newsletter muss nun auf den ersten Blick überzeugen.

Wiedererkennung ist auch hier ein wichtiges Thema. Ihre Leser müssen sich in Ihrem Newsletter sofort zurechtfinden. Daher sollte jede Ausgabe dasselbe Grund-Layout verwenden und an das Design Ihrer Webseite angelehnt sein. Eine Bannergrafik mit Firmenlogo im oberen Bereich schafft zusätzliches Vertrauen. Wir

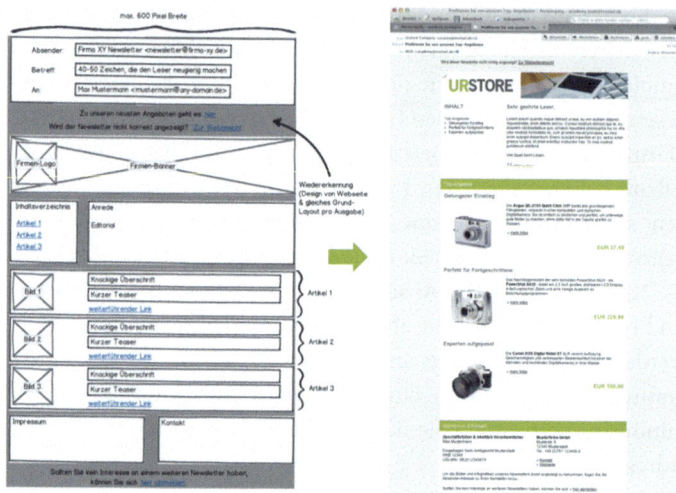

Abb. 2.9 Newsletter-Aufbau: Mockup vs. Newsletter

empfehlen eine Newsletter-Breite von 600 Pixeln. So lässt sich der Newsletter in Webmailern sowie Desktop-Clients ohne horizontale Scrollbalken darstellen. Ein Editorial, welches die Inhalte des Newsletters zusammengefasst, und ggf. ein Inhaltsverzeichnis, das für einen besseren Überblick sorgt, sollten ebenfalls nicht fehlen.

Vermeiden Sie lange Newsletter mit sehr vielen Artikeln, da dies die meisten Leser eher abschreckt als zum Lesen animiert. Drei bis maximal sieben Artikel haben sich in der Praxis bewährt. Die Artikel selbst sollten ebenfalls nicht zu lang ausfallen. Verwenden Sie pro Artikel jeweils eine knackige Überschrift, reißen Sie die Inhalte in wenigen Zeilen an und verweisen Sie dann per weiterführendem Link auf Ihre Webseite. Ein aussagekräftiges Bild kann zusätzliche Leseimpulse liefern und lockert den Newsletter optisch auf.

Aus rechtlicher Sicht muss jeder Newsletter ein vollständiges und ausgeschriebenes Impressum (§5, §6 TMG) sowie eine Abmeldemöglichkeit (§28 BDSG) enthalten. Beides wird im Normalfall am Ende des Newsletters platziert. Einen typischen Newsletter-Aufbau sehen Sie im nachfolgenden Mockup (siehe ◘ Abb. 2.9).

2.4.4.4 Alternativansicht

Leider können Darstellungsfehler bei der Vielzahl an verschiedenen E-Mail-Clients sowie Webmailern nicht vollständig ausgeschlossen werden. Einige E-Mail-Clients zeigen aufgrund von Sicherheitsrichtlinien keine Bilder an (Bildunterdrückung). Bieten Sie den betroffenen Empfängern eine alternative Version des Newsletters, die sich im Browser darstellen lässt. Die Alternativansicht wird ganz oben im Newsletter verlinkt.

Smartphones und Desktop-E-Mail-Clients zeigen im Posteingang oft nicht nur den Absender und Betreff des Newsletters an, sondern auch die ersten Textzeilen. Diese Textzeilen werden fachlich als „Pre-Header" bezeichnet. Häufig beginnt dieser mit den Worten „Bei Problemen mit der Darstellung …". Allerdings macht es keinen guten Eindruck, zu Beginn des Newsletters bereits über Probleme zu sprechen. Daher empfehlen wir Ihnen, den Platz sinnvoll zu nutzen und den Link auf die Webversion textlich zu kürzen. Direkt davor können Sie eine Handlungsaufforderung platzieren, die optional auf eine entsprechende Landingpage verlinkt. Beispielsweise: „Unser exklusives Angebot für Sie speziell zur Messe".

2.4.4.5 Mailingformate

Im E-Mail-Marketing gibt es drei Mailingformate: Text, HTML und Multipart. Natürlich hat jede Mailingform ihre Daseinsberechtigung.

Den Unterschied zwischen den einzelnen Formaten haben Sie bereits im Kapitel Mailingformate kennengelernt.

2.4.4.6 Bilder

Reichern Sie Ihren Newsletter mit Bildern an, da diese den Leser direkt ansprechen und die Botschaft einer Meldung auf den Punkt bringen. Natürlich müssen die Bilder dabei einen direkten Bezug zum Text haben und einen zusätzlichen Nutzen für den Leser darstellen. Bilder im Detail transportieren eher Emotionen als allgemeine Bilder. Ein Bild einer Personengruppe beim Marathon wirkt nicht so emotional wie eine Person, die ins Ziel einläuft (siehe ◘ Abb. 2.10). Verwenden Sie jedoch nicht zu viele Bilder, da diese sonst vom eigentlichen Inhalt ablenken.

Achten Sie darauf, dass die Bilder optimal dargestellt werden. Die Bildqualität muss einwandfrei sein und falls das Bild skaliert wurde, achten Sie darauf, dass die Proportionen stimmen und das Bild nicht verzogen ist (siehe ◘ Abb. 2.11).

Bilder können im Mailing eingebettet oder verlinkt sein. Verlinkte Bilder beeinflussen nicht die Größe Ihres Newsletters, da Sie auf einem Web- oder FTP-Server gespeichert und lediglich referenziert sind. Nachteil: Bei aktivierter Bildunterdrückung werden diese Bilder nicht angezeigt. Eingebettete Bilder hingegen sind wie Dateianhänge in das Mailing integriert und erhöhen daher die Mailinggröße. Dies kann zu negativen Spam-Bewertungen sowie

Abb. 2.10 Detailbilder transportieren mehr Emotionen

langen Ladezeiten führen. Vorteil von eingebetteten Bildern: Sie werden trotz Bildunterdrückung angezeigt (siehe **Abb. 2.12**).

Grundsätzlich empfehlen wir Ihnen den Einsatz der klassischen, komprimierten Bildformate JPG und GIF. Das modernere PNG-Format wird von einigen E-Mail-Clients wie Lotus Notes nicht unterstützt und sollte daher, wie auch Bilder im Format TIF/TIFF oder BMP, nicht verwendet werden.

Wir empfehlen, Bilder nur im oberen Bereich des Mailings einzubetten. Bilder, die für die Wiedererkennung wichtig sind (z. B. das Firmenlogo), werden somit selbst bei aktivierter Bildunterdrückung angezeigt. Die verlinkten Bilder verhindern ein zu großes Mailing und eine Einstufung als Spam.

Optional können Sie pro Bild einen kurzen, beschreibenden Alternativtext eingeben. Dieser wird dem Leser angezeigt, solange das Bild nicht geladen wurde.

Viele Leser klicken eher auf Bilder als auf weiterführende Links. Denken Sie deshalb daran, auch Bilder mit einem Hyperlink zu verknüpfen.

2.4 · Newsletter-Design

Abb. 2.11 Einwandfreie Bildqualität ist ein Muss

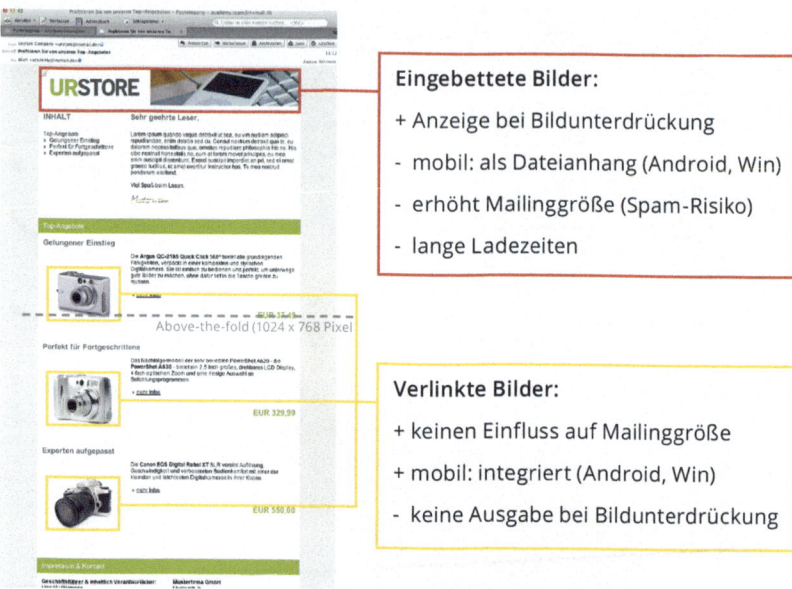

Abb. 2.12 Bilder verlinken vs. einbetten

2.4.4.7 Call-to-Action

Das Mailing ist nur der Auslöser für eine Aktion des Empfängers. Entscheidend für den Erfolg oder Misserfolg ist die Call-to-Action. Diese führt den Leser auf die Zielseite, auf der er eine Transaktion abschließen kann (Infos anfordern, Artikel bestellen, etc.).

- **Wo klicke ich: Hier macht es die Kombination.**

Die Kombination aus Text und Bild ist sinnvoll. Beide unterstützen einander: Bilder können vom E-Mail-Client unterdrückt werden, Text-Links nutzen nicht alle Leser. Bieten Sie dem Leser daher möglichst viele Klickmöglichkeiten: Verlinken Sie den Inhaltstext, das Bild und Buttons.

Damit Call-to-Action funktioniert, muss dem Leser klar sein, warum er auf die Call-to-Action klicken soll.

Ihre Call-to-Action sollte dem Leser folgende Fragen beantworten:

- Was möchte ich wissen? (Ich will den ganzen Artikel lesen: „Ganzen Artikel lesen", Ich will mich informieren: „Mehr Infos").
- Was habe ich davon? (User klicken nicht, weil „Hier klicken" im Mailing steht. Button auch auf Landingpage abstimmen: „Alles zeigen", „Produktdetails zeigen").
- Wo muss ich klicken? (Verlinken Sie Produktfotos/Bilder, Überschriften, Preise – nicht nur normale Textlinks).
- Wo lande ich? (Eine exakt passende Landingpage muss angezeigt werden).

◘ **Abb. 2.13** Mobile Darstellung eines Newsletters

2.4.4.8 Schriften

Viele verschiedene Schriftarten, Schriftgrößen und Schriftfarben können den Leser sehr schnell überfordern. Noch schlimmer: Ihr Newsletter wirkt unseriös. Verzichten Sie daher auf den Einsatz von zu vielen, verschiedenen Gestaltungselementen.

Verwenden Sie für Ihren Newsletter eine ausreichend große Schrift (mindestens 11 pt) und wählen Sie eine Schrift, die am Bildschirm angenehm zu lesen ist. Meist sind dies serifenlose Schriften wie z. B. Verdana oder Arial. Außerdem sollte die Schriftfarbe einen starken Kontrast zur Hintergrundfarbe des Newsletters haben.

Meiden Sie Schriftarten, die nicht webfähig sind, da beim Empfänger nur Schriften angezeigt werden, die auch auf seinem Computer installiert sind. Versalien sollten ebenfalls vermieden werden. Sie können den Spam-Filter aktivieren.

2.4.4.9 Mobile Endgeräte

Immer mehr Leser rufen E-Mails mit dem Smartphone ab. Damit der Newsletter auch hier korrekt dargestellt wird, muss Ihr Mailing auf mobile Endgeräte optimiert sein (siehe ◘ Abb. 2.13). Hierbei werden einige Elemente des ursprünglichen Newsletters entfernt, die bei der Darstellung auf einem Smartphone überflüssig sind (Inhaltsverzeichnis, Browserlink zur Alternativansicht und Skyscraper-Grafiken).

Gleichzeitig werden Banner, Rubrikgrafiken, Navigationsleisten und Image-Maps skaliert und Schriften optimiert dargestellt. Standardartikel werden mit dem Bild untereinander dargestellt – mehrspaltige Artikel ebenfalls. Weiterführende Links werden als Buttons visualisiert, da sie so per Smartphones leichter anklickbar sind (außer Links im Fließtext und im Footer).

2.5 Personalisierung

2.5.1 Voraussetzungen

2.5.1.1 Warum einen Newsletter personalisieren?

Ein personalisierter Newsletter steigert durch die direkte Ansprache und individuellen Inhalte die Aufmerksamkeit beim Leser. Zusammen mit nutzerzentrierten Kampagnen erhöhen Sie so die Öffnungs- und Klickrate Ihres Newsletters, was sich letztendlich positiv auf Ihre Verkaufszahlen und Ihren Umsatz auswirkt. Außerdem stärken Sie mit der Newsletter-Personalisierung die Kundenbeziehung.

Laut der Studie „Newsmarketing" aus dem Jahr 2009 liefern personalisierte Mailings weit mehr als doppelt so gute Performance-Werte wie unpersonalisierte Newsletter. Der Name des Lesers muss dabei mehrmals im Text genannt werden. Nur eine personalisierte Anrede reicht für einen Kampagnenerfolg nicht aus.

Ihr Kunde soll sich nicht wie einer unter vielen vorkommen. Geben Sie ihm das Gefühl, dass Sie ihn ernst nehmen und verstehen. Lassen Sie ihn beispielsweise entscheiden, welche Newsletter-Themen er wünscht oder in welcher Versandfrequenz er Ihren Newsletter erhalten möchte.

2.5.1.2 Wie lassen sich Daten abfragen?

Bereits vor der Anmeldung zu Ihrem Newsletter liefert Ihnen der Neuabonnent wichtige Informationen: Überprüfen Sie beispielsweise, mit welchen Schlüsselwörtern er über die Suchmaschine auf Ihre Webseite kam. Dieses Vorgehen macht ebenfalls für die auf Ihrer Webseite eingesetzte Suchfunktion Sinn.

Die Anmeldung selbst ist der beste Zeitpunkt, mehr über Ihren Leser zu erfahren und ihn in ein Gespräch zu verwickeln. Interesse und Aktivitätsgrad von Lesern sind zu Beginn der Newsletter-Beziehung um einiges höher als Wochen oder Monate später. Natürlich können Sie neben der E-Mail-Adresse als einzigem Pflichtfeld auch weitere demografische Daten abfragen. Es sollten jedoch nicht zu viele sein.

Auch auf der Landing-Page der Double-Opt-In-Aktivierung können Sie weitere Daten abfragen oder einen Umfrage-Link in der Willkommens-E-Mail hinterlegen. Achtung: Vergraulen Sie den Leser nicht mit zu vielen Fragen. Eine Belohnung bei Teilnahme an der Befragung kann unterstützend wirken (Gutschein, Rabatt, kostenloser Versand oder Download).

2.5.1.3 Womit werden die Daten verwaltet?

Beschränken Sie sich nicht nur auf Ihre E-Mail-Lösung, sondern binden Sie auch Ihr CRM-, Shop- oder Content-Management-System ein und messen Sie Ihren Erfolg mit einer Webanalyse-Software. Die Systeme tauschen Informationen untereinander aus und verfeinern so Ihre Kundenprofile. Kunden, die ein Produkt bei Ihnen erworben haben, erhalten beispielsweise in einem Folge-Newsletter Vorschläge über passendes Zubehör. Die Empfehlung der richtigen Produkte zur richtigen Zeit ist erfolgsentscheidend.

In einem System müssen die gesammelten Daten in einer zentralen Datenbank zusammenlaufen. Meist ist dies das CRM- oder Mailing-System. Die Daten müssen dauerhaft automatisch erfasst werden, da sich das Kundenverhalten permanent ändert und immer auf dem neuesten Stand sein muss. Veraltete Daten, die nur einmal im Jahr aktualisiert werden, sollten auf keinen Fall für einen Newsletter verwendet werden. Das ist kontraproduktiv und hinterlässt einen schlechten Eindruck.

2.5.1.4 Wie lassen sich Daten anreichern und aktualisieren?

2.5.1.4.1 Zweistufiges Anmeldeverfahren

Im ersten Schritt sollte bei der Newsletter-Anmeldung nur die E-Mail-Adresse abgefragt werden. Um weitere Daten zu erhalten, kann ein nachgelagertes, zweites Formular verwendet werden, in dem die Abonnenten auf freiwilliger Basis um zusätzliche relevante Daten gebeten werden. In der Regel werden hier soziodemografische Daten wie Name, Geschlecht und Geburtsdatum abgefragt.

2.5.1.4.2 Willkommensserien mit Aktionsabfolgen

Wir empfehlen Ihnen den Versand von Willkommensserien. Durch mehrstufige Kampagnen führen Sie den Abonnenten an Ihr Angebot heran. Werten Sie die Öffnungen und Klicks pro Mailing aus. So lernen Sie die Vorlieben des Abonnenten kennen und können ihn zu bestimmten Empfängergruppen hinzufügen. Professionelle Mailing-Systeme führen diese Aktionsabfolgen automatisch durch.

In der Praxis könnte dies wie folgt aussehen: In Ihrem Newsletter haben Sie drei Themen aufgeführt: Kino, Musik und Sport. Klickt der Leser auf den weiterführenden Link zum Thema Kino, wird dies getrackt und in der Empfängerdatenbank gespeichert. Somit wird der Abonnent der Zielgruppe „Kino" hinzugefügt und erhält nach einiger Zeit einen Folge-Newsletter mit ausschließlich Kino-Inhalten (siehe ◘ Abb. 2.14).

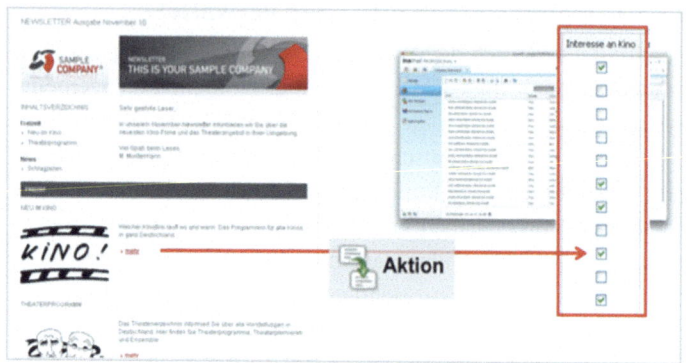

Abb. 2.14 Kundenprofile anreichern

2.5.1.4.3 Profilverwaltung

Empfänger haben die Möglichkeit, auf einer Webseite ihre bereits eingegebenen Daten zu verwalten und zu ergänzen. So können auch nach der Anmeldung Daten ergänzt bzw. die An- und Abmeldung in unterschiedlichen Newsletter-Verteilern verwaltet werden.

2.5.1.4.4 Umfragen

Auch der Einsatz von Umfragen lässt sich zur Anreicherung der Kundendaten nutzen. Fragen Sie in kleinen Häppchen begleitend zum Mailing Kundendaten ab. Platzieren Sie zum Beispiel einen Link mit der Frage: „Ist Ihre Anrede nicht korrekt? Hier einfach ändern!" oder „Wir möchten Sie gerne überraschen. Verraten Sie uns Ihren Geburtstag!". Fragen Sie beispielsweise zum Schluss Ihres Newsletters den Kunden nach seiner Meinung. Längere Umfragen sind ebenfalls möglich, sollten aber nicht zu oft durchgeführt werden, um die Empfänger nicht zu nerven und zur Abmeldung zu verleiten.

2.5.1.4.5 Empfängerreaktionen

Anhand der Klicks und Öffnungen der Empfänger lassen sich implizit Erkenntnisse (Aktions- und Reaktionsdaten) über ihre Interessen und Gewohnheiten schließen, welche ebenfalls für die Zielgruppenbildung genutzt werden können.

2.5.1.4.6 Targeting

Mithilfe von Webtracking-Tools kann analysiert werden, wie die Empfänger sich nach dem Lesen des Mailings online verhalten haben. Neben Besuchsverläufen und Verweildauern auf Webseiten kann auch das Kaufverhalten der Empfänger ausgewertet werden.

So können beispielsweise mit Remarketing Warenkorbabbrecher separat angeschrieben oder Recommendations generiert werden.

2.5.1.4.7 Offline Datenanreicherung

Zusätzlich können Daten beispielsweise durch Gewinnspiele, telefonische Befragungen oder weitere Direktmarketing-Aktionen ergänzt werden.

2.5.2 Personalisierungsmöglichkeiten

2.5.2.1 Wie kann man personalisieren?
2.5.2.1.1 Nach Lebensphase

Ein Jugendlicher hat andere Wünsche und Möglichkeiten als ein verheirateter, junger Familienvater. Jeder hat einen unterschiedlichen Bedarf und somit auch unterschiedliche Bedürfnisse, was sich auf Produkte, Preis, Design, Redaktion und Service auswirkt. Frauen treten in eine andere Lebensphase ein, wenn Sie schwanger sind. Viele Unternehmen bieten je nach Produkten spezielle „Babyzeit"-Newsletter an. Auch die Psychografie und der Lebensstil sind ausschlaggebend bei der Personalisierung. Einige Newsletter-Anbieter teilen Ihre Kunden nach limbischen Typen auf und passen Ihren Newsletter-Inhalt darauf an. Dem Kunden werden hierbei vielseitig interpretierbare Bilder und Formen gezeigt und er wird gefragt, welche Abbildung ihn am ehesten anspricht. Aus den Antworten des Teilnehmers lassen sich Rückschlüsse auf die jeweilige Persönlichkeitsstruktur ziehen, was wiederum zeigt, wie von diesem Typ Werbung wahrgenommen wird und wie Klick- bzw. Kaufentscheidungen gefällt werden.

2.5.2.1.2 Nach Nutzerverhalten

Jede Aktion im Netz lässt sich tracken. Öffnungen, Klicks und Konversionen können somit gemessen werden. Die generierten Daten lassen Aussagen über das E-Mail-Nutzungs-, Surf- und Kaufverhalten zu. Auch das Cross-Buying-Verhalten (Zubehör zu weiterem Produkt kaufen) des Kunden sollte analysiert werden. Oft fühlt sich der Käufer durch Angebots-Bündelung zum Kauf eines zweiten Produkts animiert, obwohl er es nicht unbedingt bräuchte.

Achten Sie darauf, dass Sie ohne Wissen des Kunden sein Öffnungs-, Klick- oder Einkaufsverhalten nicht speichern und verarbeiten dürfen.

1.2 · Rechtliche Grundlagen

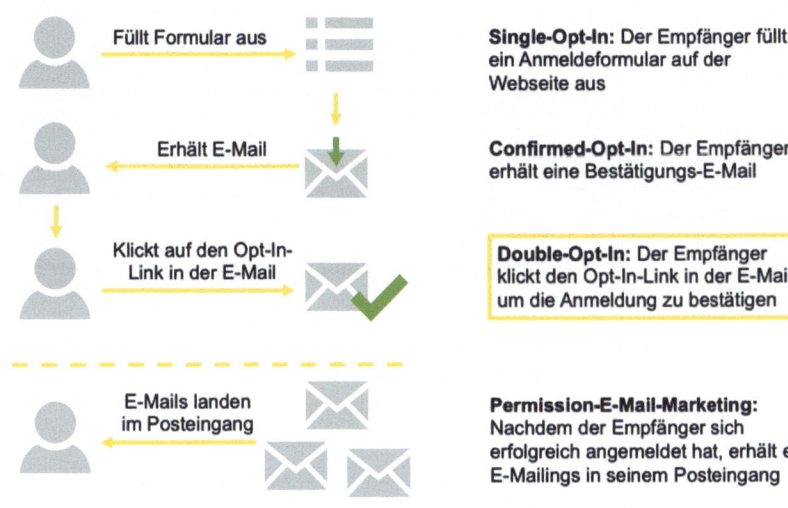

Abb. 1.10 Double-Opt-In-Verfahren

dieses ab. Mit dem Absenden der Daten ist er am Verteiler angemeldet und erhält von nun an die Versendungen.
- Beim Confirmed-Opt-In-Verfahren erhält der Empfänger nach dem Absenden des Anmeldeformulars eine E-Mail, in der die Anmeldung schriftlich bestätigt wird. Der Empfänger ist ab diesem Zeitpunkt am Verteiler angemeldet.
- Das Double-Opt-In-Verfahren verlangt vom Empfänger, in der Bestätigungs-E-Mail einen Bestätigungslink zu klicken. Erst mit dem Klicken auf den Bestätigungslink ist die Einwilligung wirksam und der Empfänger wird am Verteiler angemeldet.

Nur beim Double-Opt-In-Verfahren (siehe ◘ Abb. 1.10) ist sichergestellt, dass der Empfänger sich selbst am Verteiler angemeldet und Zugriff auf sein Postfach hat. Das Risiko einer missbräuchlichen Anmeldung durch Dritte ist somit sehr stark reduziert. **Da Sie im Zweifelsfall nachweisen müssen, dass der Empfänger sich tatsächlich selbst an den Verteiler angemeldet hat, ist das Double-Opt-In-Verfahren das Mittel der Wahl für rechtssicheres E-Mail-Marketing!**

Das Single-Opt-In- und Confirmed-Opt-In-Verfahren bergen grundsätzlich das Risiko des Missbrauchs durch Dritte, wohingegen das Double-Opt-In-Verfahren rechtlich unbedenklich ist. Dies hat auch der Bundesgerichtshof (BGH) bestätigt und dabei festgestellt, dass das Double-Opt-In-Verfahren das einzige Verfahren ist, mit dem eine nachweisbare Einwilligungserklärung des Empfängers erhalten und Missbrauch verhindert werden kann. Sollte der Empfänger durch einen Dritten angemeldet worden sein, so

2.5.2.2 Was lässt sich personalisieren?
2.5.2.2.1 Betreffzeile

Die Betreffzeile ist einer der wichtigsten Türöffner beim Empfänger für Ihr Mailing. Daher ist die Wahl des Betreffs eine sehr wichtige Entscheidung. Nur wenige Firmen nutzen einen optimierten Betreff in ihren Werbe-Mailings: Es gibt viele Möglichkeiten, die Betreffzeile zu personalisieren: Mit dem Vornamen, Nachnamen, in Kombination mit dem Wohnort und einem provokanten Schreibstil. Die Studie „Newsmarketing" aus dem Jahr 2009 zeigt, dass eine Betreffzeile mit Vornamen und/oder Nachname nicht viel besser als eine unpersonalisierte Betreffzeile ist. Die Angabe des Wohnortes führt allerdings zu einer Performance-Steigerung von knapp 49 %. Am erfolgreichsten ist der Einsatz eines provokant personalisierten Betreffs.

2.5.2.2.2 Anrede

Die persönliche Anrede zu Beginn des Mailings ist Standard und sollte nicht fehlen. Allerdings reicht eine personalisierte Anrede allein nicht für einen Kampagnenerfolg aus. Nutzen Sie daher unbedingt weitere Möglichkeiten der Personalisierung. Achten Sie darauf, dass in allen Fällen eine korrekte Anrede ausgegeben wird. Eine fehlerhafte Anrede wie beispielsweise „Sehr geehrter Mustermann" ist kontraproduktiv (siehe ◘ Abb. 2.15).

2.5.2.2.3 Inhalte

Finden Sie heraus, wofür sich Ihr Kunde interessiert: Top-Angebote, Markenfavoriten, Neuheiten oder Tipps & Tricks. Wenn man die Interessen des Empfängers kennt, kann man sogar die Inhalte des Newsletters darauf abstimmen und somit für mehr Relevanz sorgen. Denn relevante Informationen sind der Schlüssel für langfristig erfolgreiches E-Mail-Marketing.

Viele Unternehmen lassen dem Kunden die Wahl, welche Themen bzw. Inhalte er gerne abonnieren möchte. Hier sieht man deutlich, dass sich die Themen an bestimmte Lebensphasen anlehnen (siehe ◘ Abb. 2.16).

2.5.2.2.4 Versandfrequenz und Versandzeitpunkt

Lassen Sie den Abonnenten entscheiden, wie oft und wann genau er Ihren Newsletter erhalten möchte. Dies kann beispielsweise morgens, abends und als Wochenrückblick sein. Manche Firmen bieten sogar einen täglichen, wöchentlichen oder monatlichen Newsletter an. Weiterführende Informationen zu diesem Thema finden Sie im Kapitel „Versand und Auswertung".

2.5 • Personalisierung

◨ **Abb. 2.15** Persönliche Anrede im Newsletter

2.5.2.2.5 Design

Passen Sie das Newsletter-Design an Ihre Zielgruppe an. Setzen Sie beispielsweise ein spezielles Design für Männer und Frauen ein. Begrüßen Sie Ihre unterschiedlichen Zielgruppen in ihrem regionalen Dialekt oder benutzen Sie regionalspezifische Bilder. Einen Schritt weiter geht die Bildpersonalisierung. Hier wird der Empfängername in ein Bild integriert.

2.5.2.2.6 Trigger-Mails

Je nach Empfängergruppe sollten Sie Ihrem Interessenten sogenannte Trigger-Mails zusenden. Trigger-Mails sind anlassbezogene Mails, die bei Erfüllung einer bestimmten Bedingung an den passenden Empfänger verschickt werden. Die bekannteste Art eines Trigger-Mailings ist das Geburtstags-Mailing.

Nachfass-Mails basieren ebenfalls auf der Trigger-Funktion. Nehmen wir das Muscial „König der Löwen" als Beispiel. Einige Tage nach der Veranstaltung geht dem Kunden ein Dankesmailing zu mit der Bitte um Teilnahme an einer Umfrage (Ziel: Service-Optimierung und Abfrage der Kundenzufriedenheit).

Nachfassmails werden zu bzw. nach einem bestimmten Termin versendet. Dabei kann es sich beispielsweise um Meinungsumfragen, Zusendungen von Zertifikaten oder Produktinfos handeln.

2.5.2.2.7 Landingpage

Überlegen Sie, wie die Zielseite(n) der weiterführenden Links aussehen sollen. Auch hier gibt es die Möglichkeit zu personalisieren.

2.5.2.3 Welche Gefahren können beim Personalisieren auftreten?

Generell empfiehlt es sich vorher zu prüfen, ob die jeweilige Zielgruppe die zuvor genannten Einflussmöglichkeiten überhaupt wünscht (Themen, Versandfrequenz und Versandzeitpunkt). Die gegebene Freiheit bedeutet gleichzeitig einen höheren Zeitaufwand und mehr Komplexität für den Abonnenten.

Achtung: Der Empfänger darf nicht den Eindruck bekommen, dass Sie zu viele Daten von ihm haben. Schnell kann das zu Misstrauen und einer Newsletter-Abmeldung führen.

NEWSLETTER-ANMELDUNG

☐ **Alnatura informiert** (einmal pro Monat)
Aktuelles rund um Alnatura und seine Aktivitäten, vollständige, ungekürzte Version.
» letzte Ausgabe ansehen

    ☐ Newsletter **ohne** den Themenbereich "Kochen und Genießen" (inkl. Rezepte)
    ☐ Newsletter **ohne** den Themenbereich "Babys und Kinder"
    ☐ Newsletter **ohne** den Themenbereich "Gesundheit, Schönheit und Pflege"

☐ **Aktuelle Angebote** (alle 14 Tage)
Ein Service speziell für die Kunden der Alnatura Super Natur Märkte, ergänzend zu den dort ausliegenden Aktionsflugblättern.
» letzte Ausgabe ansehen

☐ **Schwangerschafts-Newsletter** (max. 20 Folgen, 14-tägig)
Der Alnatura Schwangerschaftskalender zeigt Ihnen im Zwei-Wochen-Rhythmus die Entwicklung des heranwachsenden neuen Erdenbürgers von der ersten Schwangerschaftswoche bis zur Geburt.

☐ **Serie Frühkindliche Erziehung** (12 Folgen, wöchentlich)
Eine auf drei Monate begrenzte Serie für Eltern, bestehend aus 12 Folgen, die im Abstand von einer Woche versendet werden.

☐ **Serie Schulerfolg** (12 Folgen, wöchentlich)
Eine auf drei Monate begrenzte Serie für Eltern, bestehend aus 12 Folgen, die im Abstand von einer Woche versendet werden.

☐ **Garten-Newsletter** (12 Folgen, monatlich)
Passend zum Alnatura Gartenbuch "Überall wächst was" finden Eltern hier Anregungen, ihre Kinder fürs Gärtnern - im Haus, auf dem Balkon oder im Garten - zu begeistern und für die Natur zu sensibilisieren.

☐ **Serie Erwachsenenbildung 1: Selbstschulung** (12 Folgen, wöchentlich)
Eine auf drei Monate begrenzte Serie, bestehend aus 12 Folgen, die im Abstand von einer Woche versendet werden.

☐ **Serie Erwachsenenbildung 2: Innere Entwicklung** (12 Folgen, wöchentlich)
Eine auf drei Monate begrenzte Serie, bestehend aus 12 Folgen, die im Abstand von einer Woche versendet werden.

☐ **Serie Erwachsenenbildung 3: Aus Fehlern lernen** (12 Folgen, wöchentlich)
Eine auf drei Monate begrenzte Serie, bestehend aus 12 Folgen, die im Abstand von einer Woche versendet werden.

◘ **Abb. 2.16** Newsletter-Anmeldung: Der Kunde hat die Wahl

2.6 Anzeigenplatzierung in Newslettern

Anabell Peske, Inxmail GmbH

2.6.1 Newsletteranzeigen – Eine zusätzliche Umsatzquelle für E-Mail-Marketer

Besitzt ein Unternehmen einen gut gepflegten Newsletter und Empfängerstamm, so ist dieser nicht nur für den Abverkauf im eCommerce oder allgemein in der Kundenbindung ein wesentliches Marketinginstrument, sondern selbst als reines Medium schon ein potentiell lukratives Profitcenter.

Die Werbeindustrie sucht beständig neue Möglichkeiten der Vermarktung. Werbeflächen im Newsletter sind heiß begehrt. Für die Werbebranche sind Newsletter zum Premium-Medium geworden. Als Informationsmedium Nummer eins genießt der Newsletter eine unvergleichbare Glaubwürdigkeit bei seinen Empfängern. Mit den höchsten Öffnungs- und Klickraten unter allen Online-Medien weist er auch starke Performance-Werte auf. Diese Aufmerksamkeit der Newsletter-Leser wird von der Werbebranche gerne teuer bezahlt bei der Platzierung von Anzeigen. Für werbende Unternehmen, die ihre Werbebotschaften in verschiedenen Formaten kommunizieren wollen, stellt der Newsletter eine responsestarke und hocheffiziente Werbeform dar.

Mit speziellen Tools (z. B. der neuen Inxmail-Lösung Advertate) lassen sich Textanzeigen, Banner, Native Ads und andere Anzeigenformate einfach und effizient, in einem genau auf die Prozesse abgestimmten Workflow vermarkten. In diesem Beitrag erfahren Sie, wie Sie mit einem optimal ausgesteuerten Workflow erfolgreich Anzeigenumsätze über Ihre Newsletter generieren.

- **Von der klassischen Printanzeige zur Newsletteranzeige – ein kurzer Abriss**

Die klassische Printanzeige muss sich heute mit digitalen Werbeformen messen. Als Folge dieser Entwicklung gehen in den letzten Jahren die Anzeigenerlöse im Printbereich stetig bergab. Besonders Verlagen ist es bis heute nicht gelungen, neue digitaltaugliche Werbekonzepte zu entwickeln, die den Verlust im Anzeigengeschäft auffangen. Das Erlösmodell Werbeanzeige funktioniert jedoch weiterhin und man muss kein Zeitungs- oder Zeitschriftenverlag sein, um Anzeigenplätze zu verkaufen. Jeder Herausgeber einer Webseite oder eines Newsletters darf sich als Publisher – als Herausgeber bezeichnen. Die Marketingspielwiese hat sich in vieler Hinsicht erweitert.

- **Warum wirken Werbeanzeigen in Newslettern besonders gut?**

Onlineanzeigen finden sich hauptsächlich auf Webseiten. Sie sind dort als feststehende und bewegliche Formate vertreten. Mit immer neuen technischen Kniffen soll die Aufmerksamkeit des Besuchers auf die Werbung gelenkt werden. Die Folge dieser Schlacht: 31 % aller User empfinden Onlinewerbung als störend. (Quelle: BDZV-Zeitungen in Zahlen Daten Fakten 2014)

Banner werden entweder nicht mehr wahrgenommen (Bannerblindheit) oder gezielt durch den Einsatz von Ad-Blockern verhindert. Somit erreichen Anzeigen auf Webseiten nur noch einen

2.6 · Anzeigenplatzierung in Newslettern

Bruchteil der Besucher. Aber auch für den Webseitenbetreiber, der den Anzeigenplatz einem Werbenetzwerk zur Verfügung stellt, ist eine Onlineanzeige kein sonderlich lukratives Geschäft mehr. Die Erträge sinken weiterhin. Teilweise wird noch nicht einmal mehr 1 Euro pro tausend Impressionen gezahlt. Im B2B-Bereich ist die Situation besser. Hier werden noch zweistellige Preise pro tausend Impressionen erzielt.

Fazit: Anzeigenerlöse wie in Printmedien sind auf Webseiten nicht ohne weiteres zu erzielen. Dabei gibt fast jedes Unternehmen einen eigenen Newsletter heraus. Wer einen Newsletter herausgibt kann durch die Vermarktung von Werbeanzeigen ein lukratives Zusatzgeschäft machen. Warum also nicht dieses Medium als Werbeträger nutzen? UK und USA machen es uns erfolgreich vor.

- **Newsletteranzeigen sind Werbung im gewünschten Umfeld**
Anzeigen in Print- und Onlinemedien stellen eine wichtige Entscheidungshilfe beim Kauf von Produkten und Dienstleistungen dar. Leser orientieren sich an der Expertise, die sie aus Magazinen und Fachzeitschriften ziehen können und informieren sich über die dazu passenden Angebote im Anzeigenteil.

  83 % der Entscheider finden, dass Werbeanzeigen eine nützliche Quelle der Informationsbeschaffung sind (Quelle: Verein Deutsche Fachpresse 2014/15).

  Dabei geben Print- und Onlinemedien nicht nur thematisch und fachlich eine Orientierung, sondern aktivieren auch zum Handeln: z. B. zur konkreten Anfrage nach neuen Produkten, zum Produktvergleich bis hin zum Abschluss des Kaufvertrags. Newsletteranzeigen sind beispielsweise für einige sehr erfolgreiche Player im Verlagswesen bereits eine starke Umsatzquelle. Hier wird heute schon ein Teil der Anzeigenverluste aus dem Printbereich aufgefangen. Aber auch Unternehmen anderer Branchen profitieren von dieser zusätzlichen Umsatzquelle.

  Einige E-Mail-Marketer beschäftigen dabei Fragen wie:
  - Schaden Fremdanzeigen in Newslettern meiner Marke?
  - Schaffe ich mir selbst Konkurrenz?
  - Werden wir unsere Leser verärgern und riskieren wir, dass es zu vermehrten Abmeldungen oder sogar Spam-Meldungen kommt?
  - Können wir wirklich kontrollieren, welche Werbung in unserem Newsletter gezeigt wird?
  - Haben wir die personellen Ressourcen, um den Aufwand zu bewältigen?
  - Lohnt sich das finanziell?

Mit einer guten Content-Strategie wird ein Newsletter zum wertvollen Informationsmedium, das sehr hohe Öffnungsraten erzielen kann. Einige unserer Kunden sprechen von Öffnungsraten von 55 bis 70 %. Bei einigen sehr spezialisierten und spitz positionierten Newslettern liegen die Öffnungsraten sogar noch höher.

2.6.2 Anzeigenplätze in Newslettern vermarkten – Wie funktioniert das?

In der Anzeigenvermarktung gibt es zwei Methoden der Umsetzung: das poolbasierte und das themenbasierte Anzeigenmanagement.

1) Poolbasiertes Anzeigenmanagement

- **So funktioniert es:**

Sie stellen Ihre verfügbaren Anzeigenplätze einem Werbenetzwerk oder Vermarkter zur Verfügung. Hier können Sie Ihre Anzeige z. B. nach Kontext oder Zielgruppe targetieren. Bei jeder Öffnung des Newsletters werden Anzeigen eingespielt, die Ihre Zielgruppe interessieren oder die sich am Kontext orientieren.

Vorteil: Einmal eingerichtet, entsteht kein größerer Arbeitsaufwand. Diese Vorgehensweise funktioniert weitgehend automatisiert.

Nachteil: Die Erlöse sind sehr gering. Sie haben keine 100 %ige Sicherheit, für welche Produkte und Angebote Anzeigen in Ihrem Newsletter eingespielt werden. Angebote der Konkurrenz oder thematisch unpassende Anzeigen verärgern nicht nur den Newsletter-Herausgeber, sondern auch die Leser.

2) Themenbasiertes Management

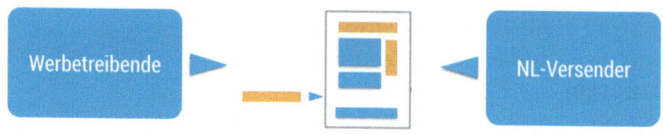

2.6 · Anzeigenplatzierung in Newslettern

■ **So funktioniert es:**
Sie verkaufen und verwalten Ihre Anzeigenplätze im Newsletter ohne Werbenetzwerk/Vermarkter für jede einzelne Newsletter-Ausgabe selbst. Als Newsletter-Herausgeber haben Sie die volle Kontrolle über die Anzeigeninhalte und stellen sicher, dass die Werbebotschaft genau zum Thema des Newsletters passt. Das themenbasierte Anzeigenmanagement orientiert sich am bewährten Verlagsmodell, das man von Zeitungen und Zeitschriften her kennt.

Vorteil: Sie erzielen wesentlich höhere Einnahmen als bei Werbenetzwerken, da genau abgestimmt werden kann, welche Anzeige zu welchem Leserkreis und zu welchem Thema passt. Newsletteranzeigen können von Ihren Anzeigenverkäufern als zusätzliches Format mit verkauft werden. Sie benötigen keine zusätzlichen neuen Vertriebsstrukturen. Auch Ihren Werbekunden ist eine inhaltsgenaue Anzeigenplatzierung einen höheren Anzeigenpreis wert. Sie können garantieren, dass die gebuchte Anzeige tatsächlich an die vorbestimmte Leserschaft ausgeliefert wird und von den Öffnungsraten des Newsletters profitiert.

Nachteil: Das Reservieren, Buchen und Einpflegen der Anzeigenelemente in den Newsletter wird bewusst gesteuert und kontrolliert. Das verlangt einen gewissen Arbeitsaufwand. Sorgfalt braucht Zeit. Wer hier z. B. mit Excel arbeitet, vermisst einen angenehmen und zeitsparenden Workflow. Umständlich wird es auch, wenn sowohl die Newsletter-Redaktion als auch die Anzeigenabteilung zeitgleich an einem Newsletter arbeiten wollen.

2.6.3 Lohnt sich das ausgabenbasiertes Anzeigenmanagement finanziell?

Hier ein Rechenbeispiel: In einem wöchentlich erscheinenden Newsletter werden jeweils 2 Anzeigenplätze verkauft. Pro Monat können 8 Anzeigen geschaltet werden. Wenn jede der 8 Anzeigen durchschnittlich 750 Euro kostet, sind das 6000 Euro Umsatz im Monat und 72.000 Euro im Jahr.

Diese Rechnung ist bewusst niedrig angesetzt. Für Newsletter gilt die gleiche Regel wie bei Zeitungen und Zeitschriften: Je höher die Auflage bzw. die Empfängerzahl des Newsletters ist, desto höher sind auch die Anzeigenpreise. Würden diese 8 Anzeigenplätze über Werbenetzwerke vermarktet werden, würde der Ertrag nur einen Bruchteil dessen ausmachen.

Große Newsletter vermarkten ihre Anzeigenplätze im fünfstelligen Bereich (chefkoch.de) (siehe ◘ Abb. 2.17).

Beim themenbasierten Anzeigenmanagement gibt es kaum Streuverluste. Der Markenname wird nicht im falschen Umfeld „verbrannt".

- **Personalkosten einkalkulieren**

Ein weiterer Aspekt, der gern vernachlässigt wird, sind die Personalkosten. Ein optimal ausgerichteter Workflow spart viele Stunden Arbeitszeit, die gewinnbringender genutzt werden können. Während der Zeit, in der Mitarbeiter aufwändige Excel-Listen führen, um Fehler im Anzeigenmanagement zu vermeiden, könnten sie bei einem vollendeten Workflow dieselbe Zeit für umsatzbringende Tätigkeiten nutzen. In diesem Beitrag stellen wir Ihnen ein Tool vor, das genau diesen optimalen Workflow ermöglicht.

2.6.4 Anzeigenformate: Textanzeige, Bildanzeige und NativeAds

Im Newsletter lassen sich unterschiedliche Anzeigenformate platzieren.

- **Bildanzeige:** Bei diesem Format wird eine Grafik erstellt, die gezielt auf eine Landeseite verlinkt.
- **Textanzeige:** Die Textanzeige beinhaltet Werbetext mit einem Link, der auf die Landeseite verweist.
- **Text/Bildanzeige:** Eine Mischform, die beide Elemente beinhaltet.
- **NativeAds:** Native Advertising ist eine Werbeform, die versucht, den werbenden Inhalt an den inhaltlichen und gestalterischen Kontext anzugleichen. Zwischen Artikeln mit werbendem Charakter und Artikeln ohne werbenden Charakter soll in ihrem Bezug auf das Arrangement nicht unterschieden werden. Weder optisch noch stilistisch. Native Ads erscheinen dem Leser als Element des redaktionellen Nachrichtenstroms. Durch ihr adaptiertes Design verschmelzen sie mit dem Newsletter ohne die visuelle Wahrnehmung oder den Fluss der Leseempfindung durch Brüche zu stören. Die Deutlichkeit der Werbebotschaft soll in den Hintergrund treten, aber die Marke und das Produkt durch den Spannungsbogen des Leseerlebnisses im Gedächtnis bleiben.

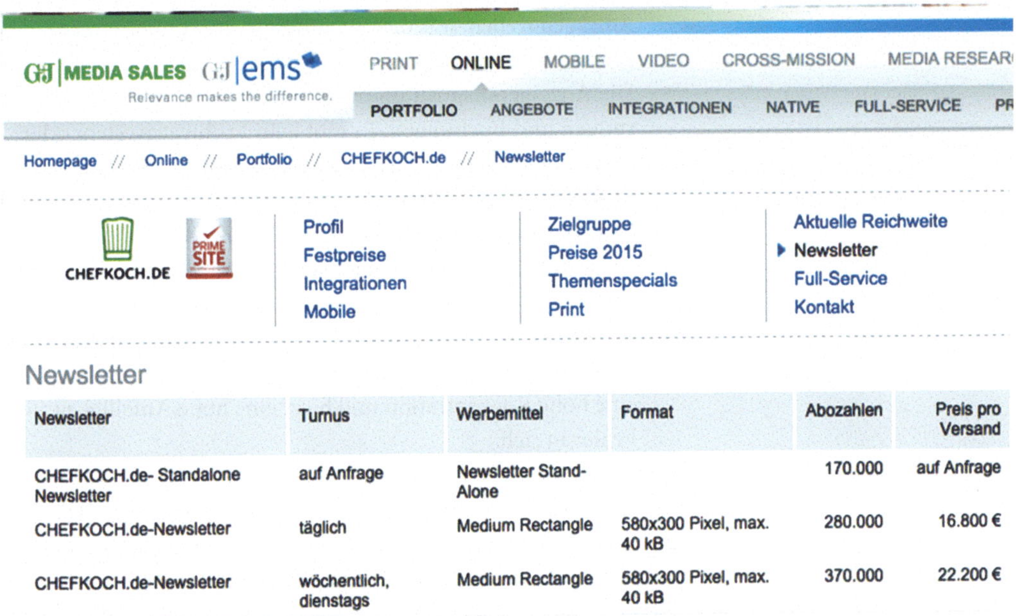

G+J | MEDIA SALES G+J | ems
Relevance makes the difference.

PRINT ONLINE MOBILE VIDEO CROSS-MISSION MEDIA RESEAR

PORTFOLIO ANGEBOTE INTEGRATIONEN NATIVE FULL-SERVICE PR

Homepage // Online // Portfolio // CHEFKOCH.de // Newsletter

CHEFKOCH.DE PRIME SITE

Profil
Festpreise
Integrationen
Mobile

Zielgruppe
Preise 2015
Themenspecials
Print

Aktuelle Reichweite
Newsletter
Full-Service
Kontakt

Newsletter

Newsletter	Turnus	Werbemittel	Format	Abozahlen	Preis pro Versand
CHEFKOCH.de- Standalone Newsletter	auf Anfrage	Newsletter Stand-Alone		170.000	auf Anfrage
CHEFKOCH.de-Newsletter	täglich	Medium Rectangle	580x300 Pixel, max. 40 kB	280.000	16.800 €
CHEFKOCH.de-Newsletter	wöchentlich, dienstags	Medium Rectangle	580x300 Pixel, max. 40 kB	370.000	22.200 €

Abb. 2.17 Beispiel Vermarktung von Anzeigenplätzen

Für alle Formate gilt, dass sie gut sichtbar als Werbeanzeige gekennzeichnet sein müssen. Zahlreiche Kennzeichnungsvarianten lassen sich im Web finden: Sponsored Post, Anzeige, Tipp der Woche, Partnerangebot, Kooperationsangebot, usw.. Egal auf welche individuelle Form man sich einigt, verzichten darf man auf sie nicht. Da diese Beiträge aussehen wie redaktionelle Beiträge, ist hier die Kennzeichnungspflicht besonders ernst zu nehmen, um nicht in den Verdacht der Schleichwerbung zu geraten.

2.6.5 Software für den zeitsparenden und fehlerlosen Prozess der Anzeigenbuchung

Häufig werden in Unternehmen, die Anzeigen in Newslettern vermarkten, alle Anzeigenelemente und die dazugehörigen Werbeplätze und -formate in aufwändigen Excel-Listen verwaltet. Die aktuellen Prozesse sind fehleranfällig und machen das Anzeigenmanagement sehr zeitaufwändig.

Folgende Hürden müssen ohne eine adäquate Software genommen werden:

- Das Team im Anzeigenverkauf hat beim Kundenbesuch in der Regel keine Echtzeitdaten über die Verfügbarkeit von freien Anzeigenplätzen. Es kann beim Kunden keine endgültigen

Aussagen treffen, was den Buchungsprozess unnötig verzögert.
- Die Anzeigendisposition pflegt und überwacht Reservierungen und Buchungen. Es gibt kein Frühwarnsystem oder eine automatische Freigabe des Anzeigenplatzes, wenn Reservierungen auslaufen. Fehler führen zu Umsatzeinbußen. Das Reporting der Erfolgszahlen erfordert einen hohen Aufwand, da alle Daten von Hand zusammengestellt werden müssen.
- Die Redaktion arbeitet alle Anzeigen „von Hand" in die jeweiligen Newsletterausgaben ein. Dies erfordert viel Zeit, eine hohe Konzentration und birgt eine hohe Anfälligkeit für Fehler in sich.

Um die Vermarktung von Newsletter-Anzeigen ohne diese Hürden zu ermöglichen hat z. B. Inxmail das Anzeigenmanagement-Tool Advertate entwickelt. Mit Advertate vermarkten Sie Textanzeigen, Banner, Native Ads und Ihren Brand Content einfach & effizient. Advertate ist auf die Prozesse ausgerichtet, die hinter dem Anzeigenmanagement stehen und optimiert die Zusammenarbeit aller beteiligten Abteilungen. Ein reibungsloser Workflow senkt Kosten und spart Zeit und Nerven. Das erhöht die Motivation aller Beteiligten. Ihre Mitarbeiter haben mehr Raum für andere umsatzbringende Aufgaben.

- Das Team im Anzeigenverkauf hat eine klare und jederzeit aktuelle Übersicht über verfügbare Werbeflächen im Newsletter. Reservierungen von Kampagnen sind mit wenigen Klicks möglich. Mit automatischen Erinnerungsfunktionen entgehen keine auslaufenden Reservierungen mehr und es ist auf einen Blick sichtbar, wo Bilder, Texte oder URLs noch fehlen.
- Die Disposition bekommt mit Advertate Unterstützung beim Erfassen und Pflegen des Ad Contents. Außerdem hat sie die volle Kontrolle über den Lebenszyklus des Werbeinhalts.
- Mit Advertate können sich Newsletter-Redakteure wieder auf das Wesentliche konzentrieren – die Arbeit am Text. Ihre eigentliche Aufgabe ist es, hochwertigen Content zu erstellen und diesen lesefreundlich und zielgruppengenau aufzubereiten. Die Redaktion spart Zeit durch die automatische Einbindung der gebuchten Anzeigen in den Newsletter.

Für Werbekunden ist die direkte Anzeigenvermarktung mit Advertate transparent: Sie können jederzeit sicher sein, dass ihre Anzeigen genau in der gewünschten Ausgabe und zum passenden Thema erscheinen werden und dass sie auf interessierte Leser treffen. Ausführliche Reportings zu allen relevanten Daten sind mit einem Klick versandfertig und können per E-Mail ausgeliefert werden.

Mit Newsletteranzeigen sichern sich E-Mail-Marketer einen deutlichen Wettbewerbsvorteil. Gerade in Großbritannien und den USA haben Werbeanzeigen in Newslettern bereits einen viel höheren Stellenwert als im deutschsprachigen Raum. USA und UK zeigen uns, was in diesem Bereich noch alles möglich ist. Sorgen Sie jetzt für kontinuierlichen Mehrumsatz und machen Sie Ihren Newsletter zur cash cow.

» Anabell Peske
Dieser Artikel wurde von Anabell Peske verfaßt. Sie ist 15 Jahren ist sie in den unterschiedlichsten Bereichen des E-Mail-Marketings tätig, als Berater oder Trainer, mit Kunden oder Agenturen. Ihre langjährige Expertise ermöglicht das Aufzeigen neuer Bereiche, die für das E-Mail-Marketing wertvoll gemacht werden können. In diesem Beitrag legt sie dar, wie die Vermarktung von einfach Newsletteranzeigen bis hin zum Format der Native Ads neue Wege eröffnen, um die Wertschöpfung des E-Mail-Marketings zu intensivieren.

2.7 Templateprinzip

2.7.1 HTML vs. Template

Da Text-Mailings eine beschränkte Gestaltungsmöglichkeit bieten und das Corporate Design nicht eingebunden werden kann, wollen wir uns in diesem Kapitel ausschließlich auf HTML- und Multipart-Mailings konzentrieren. Beide Mailingarten erlauben es, Ihren Newsletter zu „branden", diesen also im Corporate Design zu gestalten, was zu einer höheren Aufmerksamkeit beim Leser führt. Der größte Teil von B2C-Mailings wird im HTML-/Multipart-Format verschickt.

Es gibt zwei Möglichkeiten, wie Sie HMTL- und Multipart-Mailings erstellen können: zum einen direkt per HTML-Code und zum anderen mit einer Template-Vorlage.

- **Per HTML-Code**
HTML ist eine spezielle Schreibweise in der EDV, mit deren Hilfe Browser und E-Mail-Clients Texte, Bilder und Links so interpretieren, dass Inhalte als strukturierte und formatierte Internetseite

(hierzu zählt auch der Newsletter) dargestellt werden. Die Layoutinformationen werden per Cascading Style Sheets (CSS) definiert. Hier sind Informationen zu Schriften, Farben und Positionen hinterlegt. Anstelle einer zentralen CSS-Datei, wie bei Webseiten üblich, muss im HTML-Newsletter mit Inline-CSS gearbeitet werden.

HTML ist freier in der Gestaltung als die Arbeit mit Template-Vorlagen. Allerdings müssen Sie im Umgang mit dem Quellcode sehr sicher sein, da bereits kleinste Fehler die Darstellung und Funktionalität des Mailings erheblich beeinträchtigen können. Passiert dies, ist die Fehlersuche für Ungeübte meist knifflig und sehr zeitaufwendig. Dies können Sie mit dem Einsatz von Template-Vorlagen vermeiden.

- **Per Template**

Templates sind wie ein Newsletter-CMS (Content-Management-System). Ein CMS ist eine Redaktionssoftware, die Inhalte automatisch verwaltet und gestaltet. Der entscheidende Vorteil ist, dass der Redakteur die Webseite oder den Newsletter ohne Programmierkenntnisse selbst pflegen kann. Dies lässt sich von jedem Rechner aus durchführen, da die Änderungen über eine Internetverbindung erfolgen. Gestaltung und Inhalte sind dabei strikt voneinander getrennt. Der Redakteur muss sich nicht mit der Gestaltung der Inhalte beschäftigen. So lässt sich die Fehleranfälligkeit der Newsletter-Darstellung reduzieren. Außerdem sind keine HTML- oder Programmierkenntnisse notwendig.

Literatur

1. Newsmarketing GmbH. 2009. Performance-Werte für kommerzielle E-Mail-Marketing-Kampagnen. http://www.newsmarketing.ch/studie2009.pdf. Zugegriffen: 24. März 2009.
2. Bauer, Florian. 2015. Anzeigengeschäft – neue Potenziale. http://www.bdzv.de/maerkte-und-daten/wirtschaftliche-lage/artikel/detail/anzeigengeschaeft_neue_potenziale/ (Erstellt: 15. Jan. 2015). Zugegriffen: 29. Apr. 2016.
3. Verein Deutsche Fachpresse; B2B Entscheideranalyse 2014/15, http://www.vdz.de/presse-singlenews/news/b2b-entscheideranalyse-201415, zuletzt zugegriffen am 29.4.2016
4. chefkoch.de: http://ems.guj.de/online/portfolio/chefkochde/newsletter, zuletzt zugegriffen am 29.4.2016

Mailingerstellung und Qualitätssicherung

Martin Bucher, Katja Hänsler, Roman Schiffelholz, Michael Uhrich, Michael Waßmer

3.1 Newsletter-Redaktion – 76

3.2 Qualitätssicherung – 76
3.2.1 Wichtigkeit von Testen und Optimieren – 76
3.2.2 Inhaltstest inklusive Testversand – 77
3.2.3 Qualitätstest: Spam meiden und Zustellbarkeit sichern – 78
3.2.4 Qualitätstest: Phishing und ungültige Links vermeiden – 82
3.2.5 Qualitätstest: Öffnungsrate ankurbeln und Abmelderate senken – 84
3.2.6 Darstellungstest – 88
3.2.7 Tipps zur Steigerung des Erfolgs Ihres E-Mail-Marketings – 89

Literatur – 91

© Springer Fachmedien Wiesbaden 2016
M. Bucher et al., *Erfolgreicher Einstieg ins professionelle E-Mail-Marketing*, DOI 10.1007/978-3-658-14377-0_3

3.1 Newsletter-Redaktion

Interessante E-Mails werden gelesen, langweilige wandern in den Papierkorb. Deshalb müssen Sie Ihren Empfängern relevante Inhalte liefern. Betrachten Sie die Welt durch die Augen des Lesers. Welche Probleme bewegen Ihre Zielgruppe und wie können Sie bei der Lösung helfen? Verraten Sie Tipps und Tricks oder liefern Sie Neuigkeiten zu bestimmten Themen wie beispielsweise Gerichtsurteilen, Studien oder Forschungsergebnissen. Prüfen Sie bereits versendete Newsletter: Welche Artikel wurden dort am häufigsten gelesen?

Die wenigsten Empfänger lesen Ihren Newsletter vollständig. Darum muss sich die Kernaussage Ihres Newsletters bereits aus den ersten Textzeilen erschließen. Ist der erste Artikel Ihres Mailings nicht interessant, wird Ihr Abonnent wahrscheinlich nicht die nachfolgenden Artikel lesen. Führen Sie deshalb die wichtigsten Informationen am Anfang des Newsletters auf. Beginnen Sie auf keinen Fall mit einem Werbeblock! Halten Sie den Newsletter kurz und übersichtlich.

Bildschirmtexte werden vom Leser eher gescannt als sorgfältig gelesen. Daher empfehlen wir Ihnen, die einzelnen Artikel übersichtlich zu strukturieren und die wichtigsten Begriffe klar hervorzuheben. Dies kann durch Aufzählungspunkte oder Fettschrift geschehen. Aber wichtig: Nicht übertreiben! Erschlagen Sie den Leser nicht mit zu viel Text. Verwenden Sie stattdessen kurze und prägnante Texte. Nutzen Sie knackige Überschriften, um Themen voneinander zu trennen und schaffen Sie Absätze, um Inhalte aufzulockern. Benutzen Sie positive Begriffe und formulieren Sie lebendig und anschaulich. So schaffen Sie einen Bezug zum Leser und fordern ihn zum aktiven Handeln auf.

Selbstverständlich, aber dennoch wichtig: Vermeiden Sie Rechtschreibfehler und eine umständliche Ausdrucksweise.

3.2 Qualitätssicherung

Bevor Sie den Newsletter versenden, sollten Sie einen ausführlichen Qualitätstest durchführen. Nur so können Sie sicherstellen, dass der Leser einen fehlerfreien, qualitativ hochwertigen Newsletter erhält.

3.2.1 Wichtigkeit von Testen und Optimieren

Wie wichtig das Thema „Testen und Optimieren" ist, zeigt Ihnen folgende unabhängige Marktstudie von Inxmail und Ipsos (Inx-

3.2 · Qualitätssicherung

mail und Ipsos 2014). Demnach stufen 50 % der befragten E-Commerce-Unternehmen dieses Thema als sehr wichtig ein.

Damit Sie den Erfolg Ihrer Newsletter bestimmen können, sollten Sie diese regelmäßig messen. Nachfolgend einige durchschnittliche Richtwerte der wichtigsten Erfolgskennzahlen:

- Öffnungsrate > 23–30 %,
- Klickrate (CTR) > 10 %,
- Effektive Klickrate (CTOR) > 15–25 %,
- Zustellrate > 80 %,
- Bouncerate < 1–5 %,
- Abmelderate < 1–5 %.

3.2.2 Inhaltstest inklusive Testversand

Wer E-Mail-Marketing betreibt, kennt die Situation kurz vor dem Versand – insbesondere vor dem ersten. Die Nervosität steigt: „Habe ich alles richtig gemacht? Funktionieren Links und Personalisierungen, oder habe ich etwas übersehen? Wie kann ich sichergehen, dass das Mailing korrekt ist und versendet werden kann?" Oder kennen Sie vielleicht dieses Szenario: Kurz nach Ihrem Versand erhalten Sie erfreut die ersten Feedbacks. Doch beim Öffnen der Mailings wird schnell klar, es handelt sich nicht um Erfolgsmeldungen, sondern um die ersten Beschwerden. Sie haben Ihre Empfänger falsch angesprochen, einen Link vertauscht oder andere Fehler übersehen.

- **Vergessen Sie nicht zu testen**

Testen schützt nicht nur vor Ärger, sondern auch vor Mehrarbeit durch diverse Nachfass- oder Entschuldigungsaktionen aufgrund fehlerhafter Mailings. Viele professionelle E-Mail-Marketingsysteme bieten verschiedene automatisierte Tests an. Diese führen E-Mail-Marketer in Sekundenschnelle durch. Stehen die automatisierten Testverfahren nicht zur Verfügung, sollte manuell getestet werden. Dabei gibt es unterschiedliche Testbereiche, die im Folgenden vorgestellt werden.

- **Testversand: Verschaffen Sie sich Sicherheit**

Nach der Mailingerstellung sollte der Inhalt des Mailings genau überprüft werden. Neben einer Schnellvorschau im Mailing-Editor macht es auch Sinn, ein 6- oder- 8-Augen-Prinzip anzuwenden. Ein Testversand an die eigene Adresse sowie an Kollegen oder Vorgesetzte verschafft zusätzliche Sicherheit. Inhalte können gegengelesen, Links geklickt und das Format kann validiert werden. Vorteil des Testversands gegenüber der Vorschau: Sie und Ihre Kollegen sehen das Mailing im Posteingang des E-Mail-Clients genau so, wie es Ihre späteren Empfänger erhalten.

Achtung: Für die Test-E-Mails sollte ein eigener Verteiler eingerichtet werden, am besten völlig getrennt vom Empfängerverteiler. Fatal wäre ein Testversand an den Newsletter-Verteiler. Die Test-E-Mail sollte entsprechend gekennzeichnet werden, z. B. über den Zusatz „Test" im Betreff, sodass diese direkt als solche erkannt wird.

In professionellen E-Mail-Marketingsystemen lassen sich beim Versand der Test-E-Mail mehrere vorkonfigurierte Test- oder Empfängerprofile auswählen. Außerdem werden hier die Testverteiler strikt von den Empfängern getrennt, sodass ein versehentlicher Testversand an den Newsletter-Verteiler ausgeschlossen ist. Tipp: Gibt es ein Mailing mit vielen Personalisierungen, z. B. mit unterschiedlichen Inhalten je nach Zielgruppe, so sollten alle möglichen Profile als Test-E-Mail versendet werden.

Anhand des Testversands und der Vorschau lassen sich folgende Punkte verifizieren:
- Inhalts-Check: richtige und vollständige Inhalte,
- Grammatik und Ausdruck: korrekte Rechtschreibung und verständliche Formulierungen,
- Gesamtes Erscheinungsbild: einwandfreie Bilder, Layout, Farben, Formatierungen,
- Links: intakte Funktion, erreichbar,
- Darstellung: Ansicht im eigenen Postfach,
- Personalisierung: exakte Personalisierungsfelder (Anrede, Name etc.),
- Zielgruppenindividuelle Bestandteile: richtige Verwendung und Zuordnung (z. B. persönlicher Ansprechpartner oder Artikel je Interesse),
- Dynamische Inhalte: Inhalte werden einwandfrei dargestellt (Content-Übernahme aus Shops etc.).

Trotzdem werden Fehler oder Mängel immer wieder übersehen bzw. nicht als solche wahrgenommen. Deshalb ist es wichtig, zusätzlich einen umfangreichen Qualitätstest zu durchlaufen.

3.2.3 Qualitätstest: Spam meiden und Zustellbarkeit sichern

Vermeiden Sie, dass Ihr Newsletter fälschlicherweise als Spam eingestuft wird und stellen Sie sicher, dass er stattdessen im Posteingang des Empfängers landet. Da E-Mail-Marketing momentan voll im

Trend liegt, bewerben auch unseriöse Anbieter ihre Produkte per E-Mail und versenden massenhaft unerwünschte Werbe-E-Mails (Spam). E-Mail-Service-Provider versuchen ihre Kunden deshalb durch Spam-Filter vor der E-Mail-Flut im Posteingang zu schützen.

- **Sauberen Verteiler per Double Opt-in aufbauen**
Im Kampf gegen Spammer platzieren E-Mail-Provider sogenannte Spamtraps (Spamfallen). Das sind E-Mail-Adressen, die keiner Person zugeordnet sind, sondern von Blacklist-Betreibern verbreitet werden. An Spamtrap-Adressen darf eigentlich kein Newsletter versendet werden. Wer dennoch diese E-Mail-Adresse anschreibt, gilt als Spammer und hat die rechtlichen Vorgaben nicht eingehalten. Die Folge ist ein Blacklist-Eintrag, ein Eintrag auf einer negativen Mailingliste.

Es gibt zwei Arten von Spamfallen: Zum einen werden E-Mail-Adressen von den Providern absichtlich als Spamfallen angelegt. Diese Adressen werden nur von Spam-Bots gefunden, da sie in keiner öffentlichen Liste aufgeführt werden und somit unsichtbar sind. Spam-Bots sind Programme, die automatisiert nach E-Mail-Adressen suchen und an diese Spam-E-Mails senden. Zum anderen werden E-Mail-Adressen, die seit längerer Zeit nicht mehr aktiv sind, von den E-Mail-Providern in Spamfallen umgewandelt.

Nutzen Sie als Versender keine gekauften E-Mail-Adressen. Meist sind darin Spamtraps enthalten. Besser ist, wenn Sie Ihren Adressverteiler selbst aufbauen. Setzen Sie dazu ein Newsletter-Anmeldeformular ein und arbeiten Sie mit dem. Dies stellt den aktuellen Branchen-Standard dar. Nach dem Ausfüllen der Anmeldung erhält der Empfänger eine Bestätigungs-E-Mail, in der er aufgefordert wird, einen Bestätigungslink zu klicken. Erst mit Klick auf den Link ist die Einwilligung wirksam und der Empfänger wird am Verteiler angemeldet. So validieren Sie jede neue E-Mail-Adresse vor Aufnahme in den E-Mail-Verteiler. Zudem vermeiden Sie damit Schreibfehler in den Empfängeradressen und auch deren Missbrauch. Zusätzlich werden unnötige Bounces dadurch verhindert.

- **Bounce-Management nutzen**
Bounces sind Fehlermeldungen, die von einem Mailserver automatisch generiert werden, sobald eine E-Mail nicht zustellbar ist. Dabei unterscheidet man zwischen Hard- und Softbounces. Hardbounces sind permanente Fehler wie beispielsweise eine nicht existierende E-Mail-Adresse. Temporäre Fehler werden als Softbounces bezeichnet. Ein Softbounce kann beispielsweise durch ein volles E-Mail-Postfach entstehen.

Ein hoher Bounce-Anteil ist ein Indikator für einen unsauberen Adressverteiler und somit ein Hinweis auf Spam. Hohe Bounceraten schädigen die Reputation. Gebouncte Adressen sollten regelmäßig aus der Datenbank entfernt werden: Hardbounces sofort, Softbounces nach einer gewissen Beobachtungsphase. Weiterführende Informationen zu diesem Thema finden Sie im ▶ Abschn. 4.2.1.2.1 „Bounce-Rate".

- **Whitegelistet versenden**
Whitelists enthalten alle dem E-Mail-Service-Provider bzw. Empfänger bekannten Domains und IPs, die vertrauenswürdig sind. Dadurch werden diese bevorzugt behandelt. In der Regel wird dabei eine serverseitige Spam-Filterung nicht durchgeführt und Mails werden direkt dem Empfänger zugestellt. Außerdem werden Mailings von Absendern, die auf einer Whitelist stehen, oftmals verbessert dargestellt: Bilder, Links und weitere spezielle Elemente werden sofort angezeigt und nicht unterdrückt.

E-Mail-Anbieter greifen in der Regel auf öffentliche Whitelists zurück. Die bekanntesten Anbieter hierfür sind die Certified Senders Alliance (CSA), Return Path und TrustedDialog. Um in eine öffentliche Whitelist eingetragen zu werden, muss der Versender seine Authentizität sowie Best-Practice-Beispiele nachweisen. Nach der eben beschriebenen serverseitigen Prüfung kann der Empfänger eine clientseitige Spam-Prüfung umgehen, indem er dort eine eigene Whitelist einrichtet.

- **Blacklists im Auge behalten**
Neben den eben vorgestellten Whitelists werden auch server- und clientseitige Blacklists zur Filterung von E-Mails eingesetzt. In Blacklists sind nicht-vertrauenswürdige Mailserver hinterlegt. Wenn sich der versendende Mailserver auf einer solchen Liste befindet, wird die E-Mail sofort aussortiert oder abgewiesen. Es gibt verschiedene Arten von Blacklists. Unseriöse Absender werden in öffentlichen Blacklists erfasst. Zusätzlich führt jeder E-Mail-Anbieter eigene Negativlisten.

Sollte Ihre IP oder Domain von einem E-Mail-Anbieter „geblacklisted" werden, müssen Sie dies schnell wieder in den Griff bekommen. Der Eintrag kann meist gegen eine Gebühr und mit einer plausiblen Begründung entfernt werden.

- **Mailing ohne spamverdächtige Inhalte erstellen**
Die meisten Spam-Filter analysieren die E-Mail-Inhalte und bestimmen danach, ob es sich um ein Spam-Mailing handelt oder nicht. Bestimmte Schlagwörter bzw. Zeichen sind ausschlaggebend

dafür. Enthält Ihr Mailing verdächtige Inhalte, wird es aussortiert und landet in einem Spam-Ordner. Auf diesen Ordner hat der Empfänger Zugriff. Er kann bei Bedarf falsch aussortierte E-Mails als „Nicht-Spam" kennzeichnen, damit diese zukünftig wieder zugestellt werden. Dabei legt der Empfänger automatisch eine eigene Whitelist an.

Damit der Inhalt Ihres Mailings nicht als Spam gilt, sollten Sie bei der Mailingerstellung spamverdächtige Wörter wie beispielsweise „gratis", „Viagra" etc. meiden. Ein weiterer Indikator für Spam-E-Mails sind Satzzeichen und Folgen von Großbuchstaben im Betreff. Führen Sie deshalb vor dem Mailing-Versand einen Spam-Test durch. Dieser hilft Ihnen, entsprechende Fehler zu vermeiden.

Achten Sie zudem auf Links und Bilder innerhalb des Mailings: Verweisen diese auf Domains, die auf einer Negativliste stehen, gilt die E-Mail als spamverdächtig. Daher empfiehlt es sich, Bilder und Links innerhalb des Mailings auf die eigene Domain zu verweisen.

Besteht Ihr Newsletter aus vielen Bildern, kann dies relativ schnell einen Spam-Verdacht auslösen. Ein ausgewogenes Verhältnis von Text und Bildern ist daher einzuhalten. Mit wachsender Reputation können nach und nach mehr Bilder in das Mailing integriert werden. Generell sollte der Bildanteil zu Beginn der Mailing-Aktivitäten nicht mehr als ein Drittel des Mailings ausmachen.

Professionelle E-Mail-Marketingsysteme haben meist einen solchen Spam-Test integriert. Dieser prüft Ihr Mailing automatisch auf eben genannte Spam-Merkmale.

- **Gleiche Absenderadresse einsetzen**

Ein Wechsel der Absenderadresse oder -domain sollte vermieden werden, da dies oft als Spamsignal gewertet wird. Passiert dies, dann ist Ihre Absender-Domain bei den großen Mailinganbietern plötzlich „unbekannt". Die jahrelang aufgebaute positive Reputation ist damit verloren. Außerdem hat sich die aktuelle Adresse bereits bei Ihren Kunden etabliert. Sie steht für Vertrauen. Mit einer Änderung würden die Filterregeln bzw. Whitelistings, die die Empfänger für Ihre E-Mail-Adresse eingerichtet haben, nicht mehr greifen.

Natürlich gibt es triftige Gründe, die eine Adressänderung erforderlich machen können. Wichtig ist, dass Sie dann Ihre Empfänger frühzeitig über die Adressänderung informieren. Dies kann per Sondermailing oder einem Hinweis im Pre-Header geschehen. So hat der Empfänger die Möglichkeit, seinen Adressbucheintrag an die neue Absenderadresse anzupassen.

- **Einfache Abmeldung ermöglichen**

Um Ihre Beschwerderate möglichst niedrig zu halten, sollten Sie eine einfache Newsletter-Abmeldung einsetzen. Bei einer komplizierten Abmeldung klicken die Empfänger häufig den Spam-Button im Mail-Client. Machen das mehrere Empfänger, ist die Konsequenz für Sie ein erheblicher Reputationsverlust, was sich negativ auf die Zustellrate auswirkt. Außerdem steigt dadurch das Risiko, dass Sie als Spammer eingestuft werden.

- **Feedback-Loops nutzen**

Nutzen Sie zudem Feedback-Loops der E-Mail-Anbieter. Hier werden Sie automatisch über schlechte Zustellquoten, erhöhtes Spam-Aufkommen, technische Fehlkonfigurationen oder Empfängerbeschwerden informiert und können schnell darauf reagieren.

Die Einrichtung ist einfach: Sie hinterlegen lediglich Ihre Domain und geben die IP-Adresse ein, für die Sie zukünftig Feedback-Loops erhalten wollen.

- **Zustellbarkeitstest einsetzen**

Nutzen Sie die SPF (Sender Policy Framework) Authentifizierung, um sicherzustellen, dass Ihr Mailserver und die Domain korrekt authentifiziert werden. Ihr Administrator kann Ihnen dies schnell einrichten.

Das SPF ist ein Spamschutz-Verfahren, das zur Sender-Authentifizierung genutzt wird. In den DNS-Einträgen der Domain werden zusätzliche SPF-Einträge mit detaillierten Angaben zu den versendenden Mailservern gespeichert.

Der empfangende Mailserver prüft anhand des SPF-Eintrags, ob die empfangene E-Mail von einem autorisierten Mailserver stammt. Falls das nicht der Fall ist, wird die E-Mail als Spam deklariert. Professionelle E-Mail-Marketingsysteme haben einen solchen Zustellbarkeitstest bereits integriert. Nutzen Sie ihn!

3.2.4 Qualitätstest: Phishing und ungültige Links vermeiden

Sorgen Sie dafür, dass Ihre Mailings nicht mit ungültigen Links oder gar – wenn auch unabsichtlich – mit sogenannten Phishing-Links versendet wird.

- **Ungültige Links vermeiden**

Die meisten Newsletter verfolgen das gleiche Ziel: Beworbene Inhalte sollen den Leser neugierig machen und ihn auf die Webseite

3.2 · Qualitätssicherung

locken, damit dieser dort eine angestrebte Aktion wie beispielsweise einen Produktkauf oder eine Seminaranmeldung durchführt. Daher ist es wichtig, dass alle Links im Mailing funktionieren und auf die korrekte Webseite/Landingpage verweisen. Der Benutzer sollte dabei direkt auf der passenden Webseite zum aufgerufenen Produkt landen. Muss er erst die richtige Landingpage suchen, wird er schnell von Ihrer Webseite verschwinden. Die Wahrscheinlichkeit auf eine Aktion schwindet dabei ebenfalls.

Damit sichergestellt ist, dass alle Links korrekt funktionieren, können Sie entweder selbst das Mailing vor dem Versand manuell „durchklicken" oder Sie nutzen einen automatischen Linktest. Dieser ist meist Bestandteil eines professionellen E-Mail-Marketingsystems. Dabei wird vom E-Mail-Versandserver der Versuch unternommen, die verlinkten Inhalte zu erreichen. Der Erfolg wird Ihnen protokolliert dargestellt. Oft wird gleichzeitig kontrolliert, ob die Verlinkungen getrackt werden, also die Klickrate aufgezeichnet wird, und ob ein Abmeldelink (rechtlich erforderlich!) integriert wurde.

- **Phishing-Links vermeiden**

Wenn alle Links im Mailing funktionieren, sollten Sie außerdem darauf achten, dass Sie nicht aus Versehen einen Phishing-Link generieren. Dies kann sehr schnell passieren. Meist bemerkt die Person gar nicht, dass sie einen Phishing-Link verursacht hat. Versenden Sie ein Mailing mit einem Phishing-Link, wird der Erfolg eher bescheiden sein. Die meisten E-Mail-Clients warnen den Leser vor einem Betrugsversuch.

- **Was genau ist Phishing?**

Phishing ist eine Betrugsmasche, die sich erst in den letzten Jahren entwickelt hat. Der Empfänger wird dabei aufgefordert, sich auf einer Webseite mit seinen Zugangsdaten zu authentifizieren. Die E-Mail und die Webseite sind gefälscht und imitieren meist das Design von bekannten Firmen.

Der sichtbare Link in der E-Mail zeigt die Original-Adresse an:
▶ https://meine.deutsche-bank.de/mod/WebObjects/dbpbc.woa/407/wo/confirm.asp

Klickt der Kunde allerdings auf den Link, ruft dieser die im HTML-Quellcode hinterlegte gefälschte Webseite auf: ▶ http://www.the-mafia.de

Dieses Vorgehen ist auch unter dem Begriff „URL-Spoofing" bekannt. Trägt der Kunde nun auf der gefälschten Webseite seine Anmeldedaten ein, hat der Spam-Versender Zugriff darauf und kann diese für die Original-Webseite benutzen.

Meist wird bei Phishing auch die E-Mail-Adresse des Absenders gefälscht, um die E-Mail echter aussehen zu lassen. Die häufigsten Opfer von Phishing-Attacken sind Banken oder Online-Bezahlanbieter wie beispielsweise PayPal.

Zum Schutz der Empfänger verfügen die meisten E-Mail-Clients über Phishing-Filter. Diese prüfen, ob die E-Mail Phishing-Mechanismen aufweist. Hauptsächlich wird dabei die Abweichung vom Linktext und dem tatsächlich hinterlegten Link untersucht. Fällt der Test positiv aus, wird der Empfänger von seinem E-Mail-Client gewarnt.

Vermeiden Sie Phishing-verdächtige Links, indem Sie als Linktext keine URLs, sondern beschreibende Texte verwenden. Wenn Sie zum Beispiel auf ▶ www.inxmail.de verweisen möchten, dann geben Sie als Linktext nicht „service01.inxmail.com" an, sondern „Inxmail Homepage".

Damit Ihr Mailing kein ungewolltes URL-Spoofing enthält, verfügen die meisten professionellen E-Mail-Marketingsysteme über einen integrierten Anti-Phishing-Test. Hier wird jedes Mailing auf entsprechende Merkmale untersucht. So wird sichergestellt, dass Ihre E-Mail an alle Empfänger zuverlässig zugestellt werden kann.

3.2.5 Qualitätstest: Öffnungsrate ankurbeln und Abmelderate senken

Hier geben wir Ihnen Tipps zur Optimierung der Öffnungsrate, Reduzierung der Mailinggröße und zur Gestaltung der Abmeldung. So steigern Sie den Erfolg Ihrer Kampagnen.

- **Erfassen Sie Ihre Öffnungsrate und messen Sie Ihren Erfolg**
Für das E-Mail-Marketing ist die Öffnungsrate eine der wichtigsten Erfolgskennzahlen. Die Öffnungsrate gibt Aufschluss über die Wirkung und auch den ersten Erfolg einer einzelnen Newsletter-Kampagne oder der E-Mail-Marketingstrategie des Unternehmens.

Aber wie lässt sich die Öffnungsrate ermitteln? Ein Mailing gilt als geöffnet, wenn der Empfänger das Mailing mit Bildern betrachtet oder auf einen Link geklickt hat.

Damit diese Öffnungen auch tatsächlich ermittelt werden können, muss mindestens ein Bild im Mailing verlinkt sein und der Bildaufruf getrackt werden, oder der Empfänger muss auf einen getrackten Link klicken. Daher wird in den meisten Fällen bei HTML-Mailings ein spezielles Zählpixel (unsichtbar für Empfänger) integriert, das die genannten Anforderungen erfüllt. So müssen Redakteure nicht zwingend darauf achten, ein verlinktes (getracktes) Bild einzubauen. Bei Textmailings oder einem HTML-Mailing mit unterdrückten Bildern kann die Öffnungsrate nur anhand der Klicks ermittelt werden.

Vorsicht: Wenn Sie nur eingebettete Bilder in Ihrem Mailing verwenden, wird die Öffnung ebenfalls nur durch Klicken eines Links erfasst, außer Sie verwenden ein spezielles Zählpixel. Mehr zu eingebetteten und verlinkten Bildern finden Sie auch im Abschnitt „Inhalte einbinden".

Die Öffnungsrate ist daher nur eine vage Zahl. Wenn also ein Empfänger das Mailing ausführlich liest, allerdings weder auf einen Link klickt noch Bilder nachlädt oder wenn ein Empfänger zwar agiert, aber Links und Bilder nicht getrackt waren, wird diese Öffnung nicht als solche erfasst. Wenn hingegen ein E-Mail-Client Bilder schon in der Vorschau nachlädt, der Empfänger das Mailing aber ohne es zu lesen in der Vorschau löscht, zählt dies trotzdem als Öffnung.

Es gibt eine Vielzahl an E-Mail-Clients. Diese verhalten sich bei der Anzeige von verlinkten Bildern sehr unterschiedlich: Outlook 2010 lädt beispielsweise gar keine Bilder automatisch. So wird eine zuverlässige Messung verhindert. Schaut sich der Empfänger das Mailing im Vorschaufenster ohne Bild-Download an und klickt auf keinen weiterführenden Link, hat er den Newsletter rein rechnerisch nicht geöffnet. Ist das bei mehreren Empfängern der Fall, entsteht der Eindruck einer niedrigen Öffnungsrate.

Trotzdem ist es wichtig, die Öffnung zu erfassen, sodass Sie Richtlinien für Ihren Erfolg haben. Deshalb prüfen Sie vor jedem Versand, ob Sie die Öffnungsrate Ihres Mailings auch ermitteln können. Die meisten E-Mail-Marketinglösungen bieten die Möglichkeit, nach Fertigstellung des Mailings einen Öffnungsraten-Test durchzuführen. Hier wird ermittelt, ob das Mailing einen getrackten Link bzw. ein verlinktes und getracktes Bild enthält, über das die Öffnungsrate ermittelt werden kann.

Tipp: Denken Sie immer daran, alle Links in Ihrem Mailing zu tracken und verwenden Sie ein getracktes Zählpixel – am besten binden Sie dieses in Ihr Template (Vorlage) ein.

- **Tipps und Tricks: So steigern Sie Ihre Öffnungsraten**
Liegt die Öffnungsrate unter 20 %, sollten Sie der Ursache auf den Grund gehen und Optimierungen an Ihrem Mailing durchführen. Es gibt viele Ursachen für niedrige Öffnungsraten: Viele Empfänger unterdrücken die Bildanzeige in ihren E-Mails und klicken keine Webadressen an. Vielleicht kann Ihr Empfänger auch nicht die Absenderadresse des Newsletters identifizieren. Des Weiteren führt eine uninteressante Betreffzeile ebenfalls zu niedrigen Öff-

nungsraten. Oder die Betreffzeile ist womöglich zu lang und wird deshalb verkürzt im E-Mail-Client angezeigt. Im schlimmsten Fall landet der Newsletter gar nicht erst im Postfach des Empfängers, sondern bleibt im Spamfilter hängen. Auch zu große Mails werden häufig als Spam eingestuft oder kommen nicht beim Empfänger an. Außerdem kann es auch am Versand liegen. Ist die Versandfrequenz zu hoch, kann es sein, dass die Empfänger von den vielen Mails genervt sind und diese direkt löschen. Der Versandzeitpunkt spielt ebenfalls eine Rolle. Wann ist Ihre Zielgruppe erreichbar? Zu welchem Zeitpunkt ist das Interesse für Ihr Thema besonders groß, wann beispielsweise ist der größte Peak auf Ihrer Webseite? Diese Faktoren können die Öffnungsrate negativ oder positiv beeinflussen.

Die Inhalte sind auf Dauer entscheidend für die Öffnungsrate. Bieten Sie deshalb immer die für Ihre Zielgruppe passenden Inhalte zur richtigen Zeit an. Die Inhalte und die Gestaltung des Mailings sowie eine prominente Platzierung von Links, Call-to-Actions und Bildern bewirken, dass Ihre Empfänger am Ball bleiben und Ihren Newsletter regelmäßig lesen.

Hohe Öffnungsraten werden meist durch Experimentierfreudigkeit erreicht. Testen Sie verschiedene Varianten aus und beobachten Sie, wie sich Ihre Öffnungsrate entwickelt. Mit einem A/B-Split-Test können Sie schnell und einfach mehrere Varianten (Betreff, Inhalte oder auch Versandzeitpunkte) gegeneinander testen und direkt miteinander vergleichen.

- **Zu große Mailings geraten leicht unter Spam-Verdacht!**

Große Mailings haben mehrere Nachteile. Aus Versender-Sicht dauert der Versand einer großen E-Mail länger. Bei einer einzigen E-Mail ist das nicht so schlimm – beim Versand an tausende Empfänger nimmt die Versandzeit dadurch jedoch deutlich zu.

Auch aus Sicht des Empfängers sind E-Mails mit großen Dateianhängen oder schlecht komprimierten Bildern nicht gern gesehen. Das Postfach kommt so schnell an die Speichergrenze, sodass E-Mails verloren gehen, weil sie aufgrund eines überfüllten Postfaches nicht zugestellt werden. Deshalb achten Sie auf die Mailing-Größe und überprüfen Sie diese vor jedem Versand. Bei professionellen E-Mail-Marketingsystemen wird die Mailinggröße automatisch getestet und entsprechende Warnungen angezeigt. Ist Ihr Mailing größer als 150 Kilobyte, sollten Sie es optimieren. Indizien für ein großes Mailing sind z. B. eingebettete Bilder in einer hohen Auflösung oder Anhänge. Deshalb sollten Sie nur die wichtigsten Bilder wie Banner, Firmenlogos oder Bilder-Buttons einbetten. Produktbilder sollten immer verlinkt werden. Ist Ihr

3.2 · Qualitätssicherung

Mailing zu groß, können Sie Bilder komprimieren oder aber diese auf einen Webspace auslagern und verlinken statt einbetten. Vermeiden Sie große Dateianhänge. Stattdessen kann die Datei auf einem Webspace liegen, auf den Sie verlinken können.

- **Vergessen Sie nicht den rechtlich erforderlichen Abmeldelink**

Rechtlich gesehen benötigt jeder Newsletter eine Abmeldemöglichkeit. Der Abonnent muss also die Möglichkeit haben, von seinem Widerspruchsrecht Gebrauch zu machen und die erteilte Einwilligung für den Versand von Newslettern zurückzuziehen. Üblicherweise wird dem Empfänger hierfür ein spezieller Abmeldelink am Ende des Newsletters angeboten. In professionellen E-Mail-Marketingsystemen können Sie einen Link vom Linktyp „unsubscribe" erstellen, der auf eine von Ihnen erstellte Abmeldebestätigungswebseite verweist. Ein automatisierter Test gibt Alarm, wenn diese Abmeldemöglichkeit in Ihrem Newsletter fehlt.

Es gibt aber auch alternative Möglichkeiten, um Abmeldungen durchzuführen, z. B. über entsprechende Formulare auf der Webseite oder indem die Abmeldungen sowie die Empfängerverwaltung in einem Fremdsystem durchgeführt werden. Interne Newsletter an die eigenen Mitarbeiter benötigen keine Abmeldemöglichkeit.

Überprüfen Sie vor jedem Versand, ob Ihr Mailing einen Abmeldelink enthält und testen Sie diesen. Stellen Sie sicher, dass der Abmeldeprozess reibungslos funktioniert und der Empfänger von Ihrem Verteiler oder der Datenbank abgemeldet wird.

- **Tipps zur Newsletter-Abmeldung**

Viele E-Mail-Marketer möchten die Abmelderate gering halten und versuchen daher, den Abmeldelink möglichst zu verstecken. Damit tun Sie Ihrem Unternehmen keinen Gefallen. Ist der Abmeldelink für Empfänger nicht auffindbar, betätigen diese einfach den Spam Button, dadurch leidet die Reputation. Oder die Beschwerderate steigt und verursacht Aufwand bei Ihnen. Daraus resultieren inaktive Empfänger, die sich negativ auf die Performance der Kampagne auswirken. Es zählt also nicht die Quantität Ihres Verteilers, sondern die Qualität. Deshalb platzieren Sie den Abmeldelink gut sichtbar, beispielsweise im Footer oder auch im Header.

Vermeiden Sie Abmeldungen, indem Sie interessante und nützliche Inhalte für die Zielgruppe bereitstellen und dies in der richtigen Frequenz geschieht. Die Abmeldeseiten sollten ebenso wie ein Anmeldeformular oder sonstige Landingpages einheitlich und passend zum Newsletter gestaltet sein, sodass sich die Empfänger in einem vertrauten Umfeld bewegen.

Tipp: Nutzen Sie die Abmeldung, um mehr über Ihre Empfänger zu erfahren und vermeiden Sie hierdurch weitere Abmeldungen. Fragen Sie optional die Abmeldegründe ab. Sie können auch Ihre Empfänger selbst bestimmen lassen, welche Inhalte und in welcher Frequenz Sie diese erhalten möchten. Diese Abfrage kann in das An- und Abmeldeformular (als zwischengeschaltete Option, um die Abmeldung zu vermeiden) integriert werden.

Wichtig: Jede Abmeldung sollte sofort in Ihr E-Mail-Marketingsystem einfließen. Schreiben Sie keine Empfänger an, die sich abgemeldet haben. Verzichten Sie auf Verabschiedungsmailings; diese sagen wenig aus und sind beim Empfänger nicht erwünscht bzw. rechtlich auch nicht erlaubt. Bestätigen Sie die erfolgreiche Abmeldung durch eine entsprechende Landingpage.

3.2.6 Darstellungstest

Insbesondere bei den grafisch aufbereiteten HTML-Newslettern weicht die Darstellung im Posteingang der Empfänger häufig wesentlich von der ursprünglichen ab. Es gibt viele verschiedene E-Mail-Clients (d.h. Desktop-Clients, Web-Clients und Mobile-(Web-)Clients). Jeder E-Mail-Client ist anders konfiguriert, da sich jeder Hersteller bemüht, Sicherheitslücken zu schließen. Aus diesem Grund unterstützen viele Clients einige HTML- und CSS-Befehle nicht bzw. interpretieren diese unterschiedlich. Das kann dazu führen, dass bestimmte Bildformate, z.B. PNG, bei einigen Lotus Notes-Versionen nicht angezeigt werden.

Aber auch Tabellen bereiten immer wieder Schwierigkeiten. Letztendlich kann ein Mailing in der Vorschau des Redakteurs perfekt aussehen, im Posteingang der Empfänger aber völlig anders erscheinen. Aus diesem Grund sollte jedes Mailing vor dem Versand auf die Darstellbarkeit in den meist genutzten E-Mail-Clients überprüft werden.

In professionellen E-Mail-Marketingsystemen gibt es oft einen Bericht zu den verwendeten E-Mail-Clients. So erfahren Marketer mehr über ihre Zielgruppe und können das Mailing entsprechend optimieren.

Natürlich können Marketer einen Darstellungstest auch manuell durchführen, indem Test-E-Mails an Accounts der verschiedenen Provider versendet werden. Allerdings machen die unzähligen E-Mail-Clients sowie Display-Größen und Auflösungen die Testprozedur sehr aufwendig. Accounts bei Webmailern müssen eingerichtet und Clients auf Desktop-Computern und mobilen Endgeräten installiert werden. Außerdem müssen die verschiedenen mobilen Endgeräte oder auch Betriebssysteme zur Verfügung stehen.

Tipp: Erstellen Sie Mailings grundsätzlich auf der Basis eines Templates. Ein Template ist eine Vorlage, mit der Mailings in wenigen Minuten ohne Programmierkenntnisse erstellt werden. Wenn Templates von professionellen E-Mail-Marketinganbietern erstellt wurden, sind diese schon vorab für die gängigsten bzw. die gewünschten E-Mail-Clients optimiert, sodass auf einen Darstellungstest verzichtet werden kann.

HTML-Mailings sind mittlerweile fast Standard geworden. Immer wieder werden diese aber aufgrund der User-Einstellungen bei E-Mail-Clients blockiert. Damit Sie alle Empfänger erreichen, setzen Sie Multi-Part-Mailings bestehend aus einer Text- und HTML-Variante ein. Bei den Templates werden in der Regel beide Varianten automatisch erstellt.

3.2.7 Tipps zur Steigerung des Erfolgs Ihres E-Mail-Marketings

Die folgende Infografik (◘ Abb. 3.1) dient Ihnen als Gedächtnisstütze für die Optimierung Ihrer Mailings.

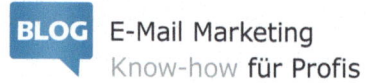

TESTEN UND OPTIMIEREN:
So steigern Sie Ihren E-Mail-Marketingerfolg!

Teil 1: blog.inxmail.de/5b5f
INHALTSTEST

CHECKLISTE

- Inhaltscheck durchführen
- Grammatik und Ausdruck prüfen
- Design & Mailinggröße prüfen
- Bildqualität sicherstellen

- Links verifizieren
- Darstellung prüfen
- Personalisierung einsetzen
- Zielgruppen ansprechen
- Testmail versenden

Gegencheck

Eigener Verteiler

Teil 2: blog.inxmail.de/4zez
SPAM UND ZUSTELLUNG

Kaufen Sie keine E-Mail-Adressen! Meist sind darin **Spamtraps** enthalten. Bauen Sie Ihren Adressverteiler selbst auf und verwenden Sie ein Newsletter-Anmeldeformular. Arbeiten Sie mit dem **Double Opt-In** Verfahren.

Nutzen Sie die **SPF-Authentifizierung** und die **DKIM-Zertifizierung**. Setzen Sie zudem **Feedback-Loops** ein. Diese informieren automatisch über auftretende Probleme. Betreiben Sie aktives **Bouncemanagement**.

Vermeiden Sie **spamverdächtige Inhalte** und versenden Sie Ihre Mailings über **whitegelistete Server**. Achten Sie gleichzeitig darauf, dass Sie nicht auf einer **Blacklist** stehen. So ist eine hohe **Zustellrate** garantiert.

Verwenden Sie nur **funktionierende Links**, welche auf die korrekte Webseite verweisen.

Der Benutzer sollte dabei direkt auf der passenden **Landeseite** zum aufgerufenen Produkt landen.

URL-Kontrolle

Teil 3: blog.inxmail.de/60ra
LINKS

Vermeiden Sie **Phishing**-verdächtige Links, oft auch **URL-Spoofing** genannt, indem Sie als Linktext keine URLs, sondern beschreibende Texte verwenden.

Anti-Phishing

> 20%

So steigern Sie Ihre Öffnungsrate:
- Versandzeitpunkte und Betreffzeilen testen
- Personalisierung nutzen
- Relevante Inhalte bieten

Senken Sie die **Abmelderate**!
Jeder Newsletter benötigt eine **Abmeldemöglichkeit**. Testen Sie diese vor jedem Versand. Die Abmeldung sollte so einfach wie möglich sein. Fragen Sie die **Abmeldegründe** ab.

Teil 4: blog.inxmail.de/ogz4
ÖFFNUNGS-RATE

Bild- und Link-Tracking

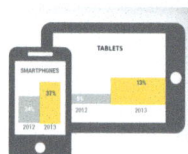
Mobile Templates

Überprüfen Sie, welche Clients Ihre Leser einsetzen, und stellen Sie sicher, dass das Mailing auf allen Clients korrekt dargestellt wird. Verwenden Sie **Responsive-Design** für die mobile Optimierung.

Unsere Empfehlung: Arbeiten Sie mit professionellen **Templates**. Diese sind schon vorab für die gängigsten E-Mail-Clients **optimiert**, sodass auf einen Darstellungstest verzichtet werden kann.

Mail-Clients

Teil 5: blog.inxmail.de/v08c
DARSTELLUNGSTEST

Abb. 3.1 Testen und Optimieren

Literatur

1. Inxmail, Ipsos: E-Mail-Marketing – Nutzungsverhalten und Einstellungen von E-Commerce-Unternehmen. http://www.inxmail.de/unternehmen/presse/pressemitteilungen/detail/e-mail-marketing-trends-im-e-commerce-2014/454. Zugegriffen: 03. Mai 2014

Versand und Auswertung

Martin Bucher, Katja Hänsler, Roman Schiffelholz, Michael Uhrich, Michael Waßmer

4.1 Versand – 94
4.1.1 Der richtige Versandzeitpunkt – 94
4.1.2 Versandfrequenz – 97
4.1.3 Tipps zum Versand – 99

4.2 Auswertung – 100
4.2.1 Was kann gemessen werden? – 100

© Springer Fachmedien Wiesbaden 2016
M. Bucher et al., *Erfolgreicher Einstieg ins professionelle E-Mail-Marketing*, DOI 10.1007/978-3-658-14377-0_4

4.1 Versand

Worauf Sie beim Versand achten sollten und wie Sie ein Mailing mit Inxmail Professional versenden, erfahren Sie in diesem Kapitel. Grundbausteine für den Versand sollten natürlich schon vorab gesetzt werden. Der Newsletter muss ausreichend getestet werden und die Qualitätssicherung durchlaufen haben. Erst dann geht es im Workflow zum Schritt Versand. Jetzt geht es darum, das erstellte Mailing zu versenden und möglichst viele der Empfänger zu erreichen. Dabei spielen verschiedene Faktoren eine wichtige Rolle. Nicht nur die Betreffzeile oder der Absendername sind für Öffnungen entscheidend, sondern insbesondere auch der Versandzeitpunkt. Ebenso trägt die Versandfrequenz zum Erfolg oder Misserfolg bei.

4.1.1 Der richtige Versandzeitpunkt

„Wann ist der richtige Versandzeitpunkt?" Diese Frage beschäftigt immer wieder die meisten Marketer. Eines ist klar: Entscheidend für den Newslettererfolg ist die Öffnungs- und Klickrate und genau diese variiert sehr stark je nach Versandzeitpunkt. Dies haben unterschiedliche Studien belegt. Der beste Newsletter ist wertlos, wenn ihn niemand liest. Durch die Wahl des richtigen Versandzeitpunkts lässt sich die Öffnungsrate mitunter verdoppeln. Wie Sie den richtigen Versandzeitpunkt finden, verraten wir ihnen hier. Es gibt mittlerweile zahlreiche Studien zu diesem Thema, allerdings sind diese sich nicht immer einig und präsentieren oftmals unterschiedliche Ergebnisse. Einige Auszüge sehen Sie in der untenstehenden Abbildung (Abb. 4.1).

In früheren Studien konnte man besonders häufig Mittwoch und Donnerstag als perfekte Versandtage im E-Mail-Marketing-B2C-Bereich vernehmen. Mittlerweile berichten viele Studien genau das Gegenteil. Ein pauschaler „bester Versandzeitpunkt" kann jedoch nicht genannt werden. Besser ist es, durch Tests mit den eigenen Empfängern – also der eigenen Zielgruppe – die Auswirkungen verschiedener Versandzeitpunkte auszuwerten. Dennoch können wir Ihnen einige Werte als Anhaltspunkt liefern, die zusammenfassend aus unterschiedlichen Studien in den meisten Fällen zutreffen und von Ihnen als Grundlage für eigene Tests verwendet werden können.

Circa 95 % aller Buchungen von Stand-alone-Kampagnen sind Business-to-Customer-Kampagnen (B2C). In diesem Bereich ist in den meisten Fällen der beste Versandzeitpunkt am Wochenende in der Mittagszeit. Besonders hohe Öffnungs- und Klickraten werden am Sonntagnachmittag erreicht. Falls das Mailing unter der Wo-

4.1 · Versand

B2C: Der **beste Versandzeitpunkt ist** – statistisch gesehen – **der Montagabend.**

B2C: Ein Versand zu **Tagesrandzeiten** führt zu signifikant **höheren Öffnungen.**

B2C: Mittwoch und Donnerstag sind nicht zu empfehlen. **Montag, Dienstag oder Freitag führt zu mehr Öffnungen**.

Testen, testen und nochmals testen!

B2C: Am **Montag wird am meisten gekauft!** Auch am **Wochenend**e oder in den frühen Abendstunden sind Verbraucher **aktiv.**

B2C: Jahrelang galten **Dienstag und Donnerstag als die Versandtage** schlechthin! **Jetzt holt das Wochenende auf**.

B2B: **Dienstag bis Donnerstag morgens** (nicht zu früh) oder in den frühen Nachmittagsstunden sind empfehlenswert. **Montag morgens und Freitag nachmittags sind zu meiden.**

Abb. 4.1 Optimaler Versandzeitpunkt – Was berichten Studien?

che versendet werden soll, empfiehlt sich der Freitagmittag und Montagmittag/-nachmittag. Grundsätzlich raten wir von einem Mailingversand in den Morgen- und Abendstunden innerhalb der Woche eher ab. Da es sich um Privatkunden handelt, macht es keinen Sinn, diesen den Newsletter während der Arbeitszeit zuzustellen. Am Arbeitsplatz fehlt schlichtweg die Zeit, um darauf einzugehen. Eher quillt dort der Posteingang über, was dazu führt, dass der Empfänger die Stand-alone-Mailings als Werbung klassifiziert und ungelesen löscht. Daher hat ein Versand an arbeitsfreien Tagen und an Randzeiten die besten Erfolgsaussichten, wahrgenommen zu werden.

Wie sieht das Ganze für Business-to-Business-Kampagnen (B2B) aus? Hier ist der beste Versandzeitpunkt meist tagsüber unter der Woche. Montagmorgen (Abarbeitung der Mail-Ansammlung vom Wochenende) und Freitagnachmittag (viele Empfänger starten früher ins Wochenende) sind nicht empfehlenswert.

Egal, ob B2C- oder B2B-Kampagnen, bei allen Angaben handelt es sich um Durchschnittswerte. Daher empfehlen wir Ihnen: Testen Sie selbst, was der beste Versandzeitpunkt für Ihren Newsletter ist. Vertrauen Sie nicht auf Studien, denn jeder Verteilerkreis ist anders. Ihre Zielgruppe ist entscheidend.

Nutzen Sie die eine oder andere Erkenntnis aus Studien und ermitteln Sie mit folgenden vier Elementen eine Basis, um den optimalen Versandzeitpunkt zu ermitteln:

- Was wissen Sie über die Zielgruppe?
- Auch bei Mailings gibt es Saison!
- Welche Rolle spielt das Wetter?
- Wann ist der beste Zeitpunkt Ihrer Webseite?

Alter, Geschlecht, Beruf, Position, Interessen und vieles mehr können Ihnen helfen herauszufinden, wann Ihre Empfänger am besten zu erreichen sind. Richtet sich ihr Newsletter beispielsweise an Studenten, dann versenden Sie nicht in den Semesterferien. Befinden Sie sich im B2B-Bereich, ist das Wochenende eher ungeschickt. Dann befindet sich Ihre Zielgruppe wahrscheinlich im privaten Umfeld, ebenso spät abends. Je mehr Sie wissen, desto besser. Setzen Sie das Wissen nicht nur für den Versandzeitpunkt ein. Auch für die Inhalte und die Personalisierung kann jedes Detail spannend auf eine Kampagne wirken und damit mehr Klicks erreichen.

Saison gibt es auch bei Newslettern. In speziellen Monaten wird besonders viel versendet. Das ist vor allem gegen Jahresende der Fall: rund 35 % mehr als im Jahresdurchschnitt. In den Sommermonaten wird tendenziell weniger verschickt. Im Mai und September hingegen wieder etwas mehr. Viele Mails im Posteingang führen dazu, dass Ihre Mail weniger wahrgenommen wird und tendenziell schneller im Papierkorb landet als in den weniger newsletterreichen Monaten. Nutzen Sie diese Chance und schwimmen Sie gegen den Strom. Im Januar oder Februar z. B. kann Ihr Newsletter besser aus der Masse herausstechen.

Wettereinflüsse sind oftmals nicht zu unterschätzen. An sonnigen Tagen, vor allem an einem Wochenende in einem regnerischen, kalten Monat, kann die Öffnungs- und Klickraten dramatisch zurückgehen. Die wenigsten werden vor ihren Computern sitzen, die meisten werden den schönen Tag genießen. Ein Sonntag mit Dauerregen könnte hingegen eine Chance für Sie sein.

Aber ein weitaus wichtigeres Indiz als das Wetter ist eine genaue Analyse Ihrer Webseite. Gibt es eine Regelmäßigkeit, wann die meisten Besucher zu verzeichnen sind? Gibt es einen Peak? So erfahren Sie, wie Ihre Zielgruppe tickt und zu welchem Zeitraum der größte Bedarf für Ihr Thema besteht. Versenden Sie genau an diesem Tag und zu dieser Uhrzeit, haben Sie die Chance, Ihre Öffnungsrate zu steigern. Denn die meisten Öffnungen erfolgen in der Regel in den ersten Stunden nach Versand.

Diese Informationen können Sie als Basis für eigene Tests verwenden. Mit etwas Vorwissen kommen Sie mit kürzeren Testphasen zum Ziel. Versenden Sie Ihr Mailing gestaffelt nach Uhrzeiten und Wochentagen und entwickeln Sie so Ihre eigene Versandma-

4.1 · Versand

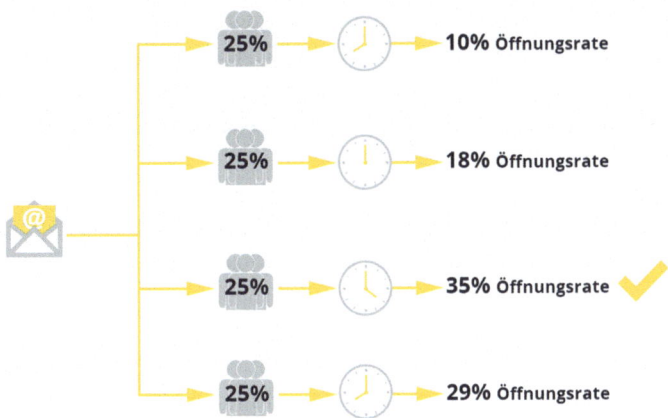

Abb. 4.2 A/B-Split Test zum Versandzeitpunkt

trix. Die manuelle Auswertung verschiedener Versandzeitpunkte ist aufwändig. Wir empfehlen daher automatisierte A/B-Split-Tests.

Ein Beispiel für einen A/B-Split-Test auf den Versandzeitpunkt mit hundertprozentiger Testmenge läuft wie folgt ab: Alle Empfänger der Liste erhalten das gleiche Mailing mit demselben Betreff und demselben Inhalt, aber zu unterschiedlichen Zeitpunkten. Es gibt bei dem Beispiel in der untenstehenden Abbildung vier verschiedene Versandzeitpunkte an einem Montag (morgens, mittags, nachmittags und abends). Jeweils 25 % der Empfänger erhalten zu dem jeweiligen Zeitpunkt das Mailing. Nach einigen Tagen wird das Erfolgskriterium (Öffnungs- und/oder Klickrate) bei den verschiedenen Gruppen verglichen, in diesem Beispiel die Öffnungsrate. Auf diese Art und Weise könnten Sie im Laufe der Zeit jeden Tag und Zeitraum testen und die Ergebnisse in einer entsprechenden Versandmatrix eintragen. Die Tests können Sie in den Berichten auswerten. So finden Sie den perfekten Versandzeitpunkt. Ein kleiner Hinweis: Die durchschnittliche Öffnungsrate liegt zwischen 20 und 25 %. Optimal ist alles, was darüber liegt, jedoch kommt es immer auch auf die Art der Mailings, die Versandhäufigkeit, die Zielgruppe und viele weitere Faktoren an (siehe Abb. 4.2).

4.1.2 Versandfrequenz

Neben der Versandzeit ist die Versandfrequenz entscheidend für den Erfolg einer E-Mail-Kampagne und damit ein wichtiges Thema, wenn es um den Versand geht.

Wenn Sie partout keine aktuellen, interessanten Inhalte für einen Newsletter parat haben, sollten Sie auch nicht „auf Teufel komm raus" versuchen, eine regelmäßige Versandfrequenz aufrecht zu erhalten. Warten Sie in diesem Fall besser, bis entsprechende Newsletter-Inhalte vorliegen.

Wie beim Versandzeitpunkt ist es auch bei der Versandfrequenz wichtig, dass Sie Ihre Empfänger kennen. Was erwartet Ihr Empfänger von Ihnen? Was für eine Frequenz haben Sie angekündigt? Wie dringlich sind die Inhalte für Ihre Empfänger? Das sind Fragen, die Ihnen bei der Wahl der Frequenz eventuell weiterhelfen können. Kennen Sie den Lebenszyklus Ihrer Empfänger (Interessent, Neukunde, Stammkunde, inaktiver Kunde)? Dann nutzen Sie dieses Wissen und passen Sie die Versandfrequenz an. Ein Neukunde lässt sich anfangs begeistern. In den ersten acht Wochen liegt die Öffnungsrate 20 % über der eines Bestandskunden. Diese haben die meisten Inhalte bereits gelesen und sind daher eher gelangweilt und sollten nicht durch eine zu hohe Frequenz genervt werden.

Hier ist Fingerspitzengefühl gefragt: Finden Sie die richtigen Mitte! Versenden Sie zu selten, kann es sein, dass Sie und Ihr Newsletter in Vergessenheit geraten. Versenden Sie hingegen zu oft, kann es sein, dass Sie damit Ihre Empfänger „verbrennen". Der häufigste Abmeldegrund von einem Newsletter ist eine zu hohe Versandfrequenz.

Leser, die zu häufig E-Mails erhalten, gehen immer nach dem gleichen Muster vor: Da sich die Inhalte wiederholen und die Relevanz für den Leser abnimmt, werden die E-Mails immer seltener geöffnet. Tritt dieser Punkt ein, haben Sie noch die Möglichkeit, den Empfänger zu (re-)aktivieren, indem Sie neue, interessante Inhalte oder sonstige Anreize liefern. Schaffen Sie dies nicht, wird sich der Leser wahrscheinlich zeitnah abmelden.

- Empfänger: Was wird erwartet? Was wissen Sie über ihn?
- Relevanz: Versenden Sie nur, wenn Sie etwas zu sagen haben und passgenau!
- Mitte: Finden Sie einen Mittelweg und halten Sie den Rhythmus!

Folgende Möglichkeiten können Sie nutzen, um Ihre Empfänger besser kennenzulernen: Informieren Sie den zukünftigen Leser bereits bei der Newsletter-Anmeldung über die Versandfrequenz, damit sich dieser darauf einstellen kann. Lassen Sie den Empfänger die Versandfrequenz bzw. die Newsletter-Themen (Aktuelle Angebote, Angebotszusammenfassung, Inhaltsthemen, etc.) wählen. So beginnen Sie die E-Mail-Beziehung zwischen Ihnen und dem Abonnenten direkt mit einem positiven Eindruck.

Um die Auswirkung der Kontakthäufigkeit auf die Abmelderate herauszufinden, empfehlen wir Ihnen, die Abmeldegründe abzufragen. Über 50 % der Abmelder sind bereit, den Abmeldegrund anzugeben. Nutzen Sie die Erkenntnisse und werten Sie die Kennzahlen regelmäßig aus. Eine Bemerkung am Rande: Bestell- oder Lieferbestätigungen werden von Ihren Lesern oft nicht als „Newsletter" wahrgenommen, sondern zählen als Kundenservice.

- **Fazit**

Zusammenfassend finden Sie hier noch einmal die wichtigsten Punkte, die Sie bei der Wahl der Versandfrequenz beachten sollten:
- Hauptziel: Empfänger kennenlernen und Kunden-Lifecycle beachten (Interessent, Neukunde, Stammkunde, inaktiver Kunde),
- Den Interessenten bereits bei Anmeldung über Kontaktfrequenz informieren,
- Den Interessenten Kontaktfrequenz und Themen wählen lassen,
- Abmeldegründe abfragen und regelmäßig auswerten,
- Optimale E-Mail-Frequenz ermitteln,
- Newsletter-Inhalte nicht erzwingen,
- Newsletter nicht zu selten versenden, um nicht in Vergessenheit zu geraten.

4.1.3 Tipps zum Versand

Neben dem Versandzeitpunkt und der Versandfrequenz gibt es noch einige weitere Tipps, die ausschlaggebend für den Erfolg der Kampagne sind. Hierzu zählen insbesondere:
- Absenderadresse,
- Betreffzeile,
- Zertifizierter Mailversand.

- **Die Absenderadresse und Betreffzeile**

Absenderadresse und Betreffzeile entscheiden bereits darüber, ob der Empfänger das Mailing öffnet oder ungelesen in den Papierkorb verschiebt. Für den Empfänger muss daher ersichtlich sein, wer den Newsletter versendet. Das schafft Vertrauen, bedeutet aber nicht, dass der Empfänger das Mailing tatsächlich öffnet. Nutzen Sie daher die Betreffzeile für einen aussagekräftigen und interessanten Aufhänger, um Ihre Empfänger auf das Mailing neugierig zu machen. Detailliertere Informationen zum Thema Absenderadresse und Betreffzeile finden Sie im Kapitel „Newsletter".

- **Zertifizierter Mailversand**
Der Versand sollte über ein seriöses und zuverlässiges Unternehmen stattfinden, das zertifizierte und ständig kontrollierte Hochleistungsmailserver einsetzt.

Prüfen Sie, an welchen internationalen Whitelisting-Projekten Ihr Versandunternehmen teilnimmt. So ist sichergestellt, dass Ihr Mailing nicht im Spamfilter untergeht, sondern im Postfach Ihres Empfängers ankommt.

Außerdem sollte sich Ihr Versandpartner zum Ehrenkodex E-Mail-Marketing verpflichten. Als Unterzeichner dieses Kodex muss das Unternehmen die jeweils geltenden gesetzlichen Vorschriften – insbesondere den Datenschutz, den Verbraucherschutz und die Wettbewerbsregeln – beachten und einhalten.

Beispielsweise hat der Deutsche Dialogmarketing Verband (DDV) zusammen mit seinen Mitgliedern einen Ehrenkodex für E-Mail-Marketing geschaffen.

4.2 Auswertung

Ein wichtiges Thema im E-Mail-Marketing ist die Messbarkeit. Wenn Sie Ihre Kampagnen messen und auswerten, werden Sie immer wieder Stellschrauben finden, um die eigenen Strategien zu optimieren und Ihr E-Mail-Marketing zu verbessern.

Wenn man E-Marketer fragt, warum E-Mail-Marketing gemessen werden sollte, ist die erste Antwort auf diese Frage die Kontrolle über den effizienten Einsatz von Werbegeldern. Dabei wird der erzielte Umsatz einer Mailing-Kampagne den Kosten dieser Aktion gegenübergestellt.

Die Messdaten liefern ebenfalls Anhaltspunkte, die zur Optimierung der eingesetzten Maßnahmen genutzt werden können. Durch ständiges Anpassen einiger Parameter und der nachfolgenden Messung lässt sich schnell herausfinden, wie eine E-Mail aufgebaut sein muss, damit diese den größtmöglichen Erfolg erzielt.

Durch Messung von Klick- und Empfängerreaktionen werden jedem Empfänger auf ihn persönlich zugeschnittene Informationen zugestellt – meist in Form von automatisierten Folgekampagnen.

4.2.1 Was kann gemessen werden?

Bevor Sie die Kennzahlen im Einzelnen kennenlernen, ist es interessant, sich eine E-Mail-Marketingkampagne mit ihren möglichen

Zuständen vorzustellen. Anhand der Zustände erkennen Sie, was gemessen werden kann.

Damit Ihre Kampagnen gemessen werden können, müssen Sie bei der Mailingerstellung einige Grundlagen beachten.

4.2.1.1 Die Technik

Die meisten E-Mail-Marketinglösung erfassen die nötigen Kennzahlen mit den folgenden zwei Tracking-Methoden: In eine E-Mail wird mittels HTML-Code ein unsichtbares Zählpixel eingebaut, das von einem Trackingserver nachgeladen wird – vorausgesetzt, die Bildunterdrückung ist deaktiviert und der Empfänger mit dem Internet verbunden. Beim Nachladen des Zählpixels werden die für das Webcontrolling benötigten Daten im Hintergrund an den Analyse-Server übertragen. Der Benutzer bemerkt davon nichts. Auf dieser Datenbasis können dann später die entsprechenden Auswertungen generiert werden.

Parallel zum Zählpixel wird das Link-Tracking eingesetzt. Dabei werden alle Verlinkungen innerhalb des Mailings parametriert. Klickt der Leser auf einen Link, wird diese Aktion erfasst und an den Trackingserver übertragen. Diese Methode kommt ebenfalls zum Einsatz, falls das Zählpixel nicht geladen werden kann. Die Öffnung des Mailings wird dann anhand des ersten Klicks bestimmt. Die Messung der Daten findet in Echtzeit statt. Die Kennzahlen können somit zu jeder Zeit eingesehen und verfolgt werden.

- **Grundlagen zur Messung der Öffnungsrate**

Damit die Öffnungsrate gemessen werden kann, muss in Ihrem Mailing mindestens ein getracktes Bild oder ein getrackter Link vorhanden sein. Grundsätzlich unterscheidet man dabei Text- und HTML-Mailings.

Bei Textmailings kann die Öffnung nur ungenau über einen getrackten Link erfolgen, bei HTML-Mailings erfolgt das Messverfahren zusätzlich über verlinkte und gleichzeitig getrackte Bilder und kann damit genauer ermittelt werden. Bei Templates arbeitet man meist mit einem versteckten Zählpixel, das heißt, sobald Bilder im Mailing nachgeladen oder angezeigt werden, wird eine Öffnung erfasst (siehe ◘ Abb. 4.3).

Die Öffnungsrate ist meist nur eine Schätzung. In der Regel liegt sie höher als die tatsächlich gemessene Öffnungsrate. Denn die Öffnungen von offline-lesenden E-Mail-Empfängern, die Bilder in der E-Mail blocken, können durch Zählpixel nicht erfasst werden. Aber nicht nur deshalb ist die Kennzahl nicht ganz aussagekräftig. Bei der Öffnungsrate wird automatisch eine sogenannte Leserate suggeriert. Hier zählen aber auch E-Mails hinzu, die ledig-

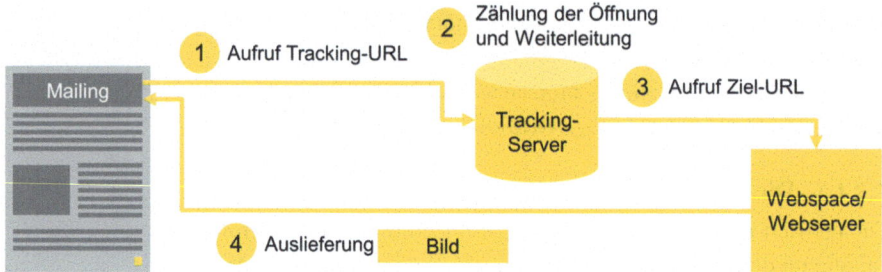

Abb. 4.3 Öffnungsrate messen

lich im Vorschaufenster für eine kurze Zeit angezeigt werden. Die tatsächliche Öffnungsrate ist also höher als die gemessene.

- **Grundlagen zur Messung der Klicks – Link-Tracking**

Link-Tracking bedeutet das Zählen von Klicks auf einen Link (siehe Abb. 4.4). Nur wenn Sie die Links in Ihrem Mailing tracken, können Sie später in den Berichten das Klickverhalten messen. Damit erfahren Sie, wie viele Personen sich für das Thema, auf das der jeweilige Link verweist, interessieren. Mit diesem Wissen können Sie Ihre nächsten Kampagnen besser planen und optimieren.

Es gibt drei Möglichkeiten, Bilder zu verlinken:
- Standard-Link: Der Link wird nicht getrackt und die Klicks können damit nicht gemessen werden.
- Anonymes Link-Tracking (count): Es handelt sich um einen getrackten Link. Es wird gezählt, wie oft auf einen Link geklickt wird. Mehrfachklicks auf einen Link von einer Person werden mehrfach gezählt.
- Persönliches Link-Tracking (unique-count): Es handelt sich ebenfalls um einen getrackten Link. Aber zusätzlich zu den Mehrfachklicks wird angegeben, wie viele Empfänger auf einen Link geklickt haben (Bereinigung der Mehrfachaufrufe). Wir empfehlen daher das persönliche Link-Tracking.

4.2.1.2 Erfolgskennzahlen im E-Mail-Marketing

Das Reporting ist eine Stärke des E-Mail-Marketings: Es gibt Einblick in alle relevanten Kennzahlen einer Newsletter-Kampagne. Somit können Marketer den Erfolg ihrer Mailings detailliert und nahezu in Echtzeit auswerten. Neben An- und Abmeldungen sind auch sämtliche Empfängerreaktionen wie Öffnungen und Klicks messbar. Durch die Anbindung einer Webanalyse-Software lassen sich sogar Conversions und der Return on Invest auswerten.

Berichte können mit wenigen Mausklicks vom Anwender selbst zusammengestellt werden. Alle erfolgsrelevanten Kennzahlen

4.2 · Auswertung

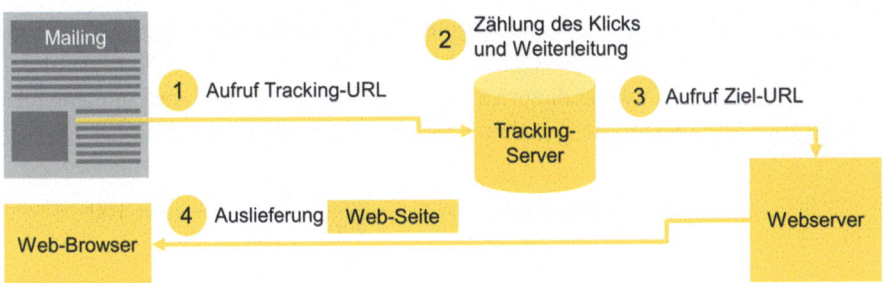

◘ Abb. 4.4 Link-Tracking in Inxmail Professional

werden anschließend innerhalb weniger Sekunden grafisch mittels verschiedener Diagramme oder in Tabellenform präsentiert. Sämtliche Berichte können nicht nur ausgedruckt, sondern meist auch als PDF oder CSV-Datei exportiert werden. Nachfolgend die wichtigsten Kennzahlen.

4.2.1.2.1 Bounce-Rate

Ein Newsletter erreicht selten alle seine Empfänger. Fehlgeschlagene Zustellversuche enden in sogenannten Bounces. Ist der betroffene Empfänger permanent nicht erreichbar, beispielsweise weil eine ungültige E-Mail-Adresse angeschrieben wurde, spricht man von einem Hardbounce. Softbounces hingegen stehen für temporäre Probleme wie z. B. ein überfülltes Postfach. Die Bounce-Rate gibt prozentuell den Anteil der nicht erreichbaren Empfänger einer Newsletter-Kampagne wieder und ist somit ein Indikator für die Qualität des Adressverteilers. Bei selbst aufgebauten Verteilern und sauberem Bounce-Management sollte die Bounce-Rate deutlich unter 5 % liegen. Bei Werten darüber besteht dringender Handlungsbedarf. Die Bounce-Rate ist also eine der wenigen Kennzahlen, bei der sich Marketer möglichst niedrige Ergebnisse wünschen. Professionelle E-Mail-Marketingsysteme bieten ein automatisiertes Bounce-Management an und sorgen somit für niedrige Bounce-Raten und saubere Adressverteiler.

$$\text{Bouncerate [\%]} = \frac{\text{Bounces}}{\text{Versandmenge}} \times 100$$

4.2.1.2.2 Zustellrate

Eine weitere Kennzahl im E-Mail-Marketing ist die Zustellrate. Sie gibt prozentual an, wie viele der versendeten E-Mails tatsächlich zugestellt wurden. Somit ist die Zustellrate das Gegenstück zur Bounce-Rate und sollte stets über 95 % liegen. Internet-Service-Provider filtern zusätzlich E-Mails von Absendern mit schlechter Reputation aus. Professionelle E-Mail-Marketinganbieter sind Mitglied der Certified Senders Alliance und erfüllen komplexe Rahmenbedingungen der Internet-Service-Provider, um eine reibungslose Zustellung der Mailings zu garantieren.

$$\text{Zustellrate [\%]} = \frac{\text{Versandmenge} - \text{Bounces}}{\text{Versandmenge}} \times 100$$

4.2.1.2.3 Öffnungsrate

Als Öffnungsrate wird im E-Mail-Marketing das prozentuale Verhältnis zwischen Anzahl der Öffnungen und Anzahl der zugestellten E-Mails bei einem Versand bezeichnet. Bei der Ermittlung der Anzahl an Öffnungen werden nur Empfänger berücksichtigt, die das Mailing mindestens einmal geöffnet oder auf einen Link geklickt haben. Die Öffnung wird durch das Nachladen von verlinkten Bildern (sog. Zählpixel) ermittelt. Mehrfachöffnungen fließen dabei nicht in die Auswertung ein. Durchschnittliche Öffnungsraten liegen bei etwa 20–25 %. Eine hohe Öffnungsrate deutet auf eine große Neugier der Empfänger hin. Verantwortlich für die Öffnungsrate sind besonders ansprechend formulierte Betreffzeilen, die Bekanntheit des Absenders und die Relevanz der Inhalte von vorhergehenden Versendungen. E-Mail-Marketer sollten die Öffnungsrate ihrer Mailings richtig interpretieren und anschließend mithilfe von Tests die Öffnungsrate ankurbeln.

$$\text{Öffnungsrate (netto) [\%]} = \frac{\text{Öffnende Empfänger}}{\text{Versandmenge} - \text{Bounces}} \times 100$$

4.2.1.2.4 Klickrate (Click-Through-Rate)

Das prozentuale Verhältnis zwischen der Anzahl der klickenden Empfänger und der Anzahl der zugestellten E-Mails wird als Klickrate (auch Einfach-Klickrate, engl. Click-Through-Rate) bezeichnet. Bei der Ermittlung der Anzahl der klickenden Empfänger werden nur solche berücksichtigt, die mindestens einmal auf einen Link geklickt haben. Mehrfachklicks fließen nicht in die Auswertung mit ein. Durchschnittliche Klickraten liegen bei etwa 10 %. Hohe Klickraten werden vor allem durch relevante Inhalte im Newsletter erzielt. Auch die Gestaltung und Positionierung der Call-to-Action-Elemente hat einen wesentlichen Einfluss auf diese Kennzahl.

$$\text{Klickrate (netto) [\%]} = \frac{\text{Klickende Empfänger}}{\text{Versandmenge} - \text{Bounces}} \times 100$$

4.2.1.2.5 Effektive Klickrate (Click-to-Open-Rate)

Die effektive Klickrate (engl. Click-to-Open-Rate) ist eine weitere Kennzahl, die sich auf die Klicks der Empfänger bezieht. Sie gibt das Verhältnis von klickenden zu öffnenden Empfängern wieder. Damit beantwortet sie die Frage, wie viel Prozent der Empfänger, die einen Newsletter öffnen, darin auch interessante Inhalte finden, die zum Klicken einladen. Durchschnittlich effektive Klickraten liegen bei etwa 40 %. Niedrigere Werte sind ein Hinweis darauf, dass die Inhalte des Newsletters die Erwartungshaltung der Empfänger nach dem Öffnen nicht erfüllt haben. Neben den Inhalten sind auch die grafische Gestaltung und Platzierung der Call-to-Actions entscheidend für den Erfolg. Der Einsatz von animierten GIFs ist eine Möglichkeit, um die Aufmerksamkeit der Leser gezielt auf Call-to-Actions zu lenken.

$$\text{Effektive Klickrate [\%]} = \frac{\text{Klickende Empfänger}}{\text{Öffnende Empfänger}} \times 100$$

4.2.1.2.6 Abmelderate

Die Abmelderate ist neben der Bouncerate eine der wenigen Kennzahlen, bei der sich E-Mail-Marketer über möglichst geringe Ergebnisse freuen. Denn unter der Abmelderate versteht man das prozentuale Verhältnis zwischen Abmeldungen und zugestellten E-Mails. Da sich ein Newsletter-Verteiler mit jeder einzelnen Abmeldung verkleinert, sollte die Abmelderate möglichst gering ausfallen. In der Praxis sind Abmelderaten bis maximal 5 % akzeptabel. Um hohen Abmelderaten entgegenzuwirken, ist es wichtig, die Gründe für Newsletter-Abmeldungen zu kennen. Die meisten Empfänger melden sich ab, weil die Versandfrequenz zu hoch ist oder die Inhalte nicht relevant sind.

$$\text{Abmelderate [\%]} = \frac{\text{Abmeldungen}}{\text{Versandmenge} - \text{Bounces}} \times 100$$

4.2.1.2.7 Mobile Leserate

Die mobile Leserate ist eine recht neue Kennzahl, die in den letzten Jahren durch die zunehmende Verbreitung von Smartphones und Tablets entstanden ist. Sie gibt an, wie viele Newsletter prozentual auf mobilen Endgeräten geöffnet wurden. Die mobile Leserate ist stark abhängig von der Zielgruppe und Branche. Vor allem im E-Commerce sind mobile Leseraten von über 40 % keine Seltenheit. Newsletter, die eine hohe mobile Leserate aufweisen, sollten unbedingt mobil optimiert werden. Newsletter Templates liefern ein responsive Design und werden sowohl auf Desktops als auch auf Tablets und Smartphones optimal dargestellt.

$$\text{Mobile Leserate [\%]} = \frac{\text{Mobile Öffnungen}}{\text{Öffnende Empfänger}} \times 100$$

4.2.1.3 Kennzahlen optimieren

Mit diesen Berichten haben Sie Ihre Kennzahlen immer im Blick. Sie sollten die Berichte natürlich auch für Ihre nächsten Kampagnen nutzen. Versuchen Sie stetig, Ihre Kennzahlen durch Optimierungsmaßnahmen zu verbessern. Defizite erkennen Sie schnell durch die einzelnen Berichte.

Nehmen wir an, in dem Bericht „Wichtige Kennzahlen" stellen Sie eine sehr niedrige Öffnungsrate von bspw. 15 % Ihres letzten Mailings fest. Was können Sie nun tun?

Sie können verschiedene Mailings miteinander vergleichen, nutzen Sie hierfür den Bericht „Mailingvergleich". Damit können Sie Mailings aus einer Liste einander direkt gegenüberstellen und Öffnungen, Klicks sowie Abmeldungen miteinander vergleichen. Gibt es ein Mailing mit einer wesentlich höheren Öffnungsrate? Dann nehmen Sie dieses Mailing genauer unter die Lupe. Was war anders? Handelte es sich um den gleichen Empfängerpool? Wie war jeweils der Betreff? Wurde ein anderer Absender verwendet? Wie hoch war die Zustellungsrate? Gibt es sonst Unterschiede, die sich auf die Öffnungen auswirken könnten? Wurde zum Beispiel zu einer anderen Zeit versendet?

Stellen Sie sich diese Fragen und vergleichen Sie Ihre Mailings. Nutzen Sie die Erkenntnisse für den nächsten Versand. Oder aber stellen Sie weitere Vergleiche im nächsten Versand an und verwenden Sie hierfür den A/B-Split-Test. Versuchen Sie damit, Ihre Öffnungsrate zu steigern.

Ein eintöniger Betreff weckt kein Interesse und kann beispielsweise Ursache für eine niedrige Öffnungsrate sein.

Folgendes positives Beispiel von Babywalz (◘ Abb. 4.5) zeigt dem Leser durch einen gleichbleibenden Absender, von wem das Mailing stammt. Aber auch der Betreff ist immer passend getextet, er ist personalisiert und verweist vor allem auf die Vorteile für den Empfänger.

4.2 · Auswertung

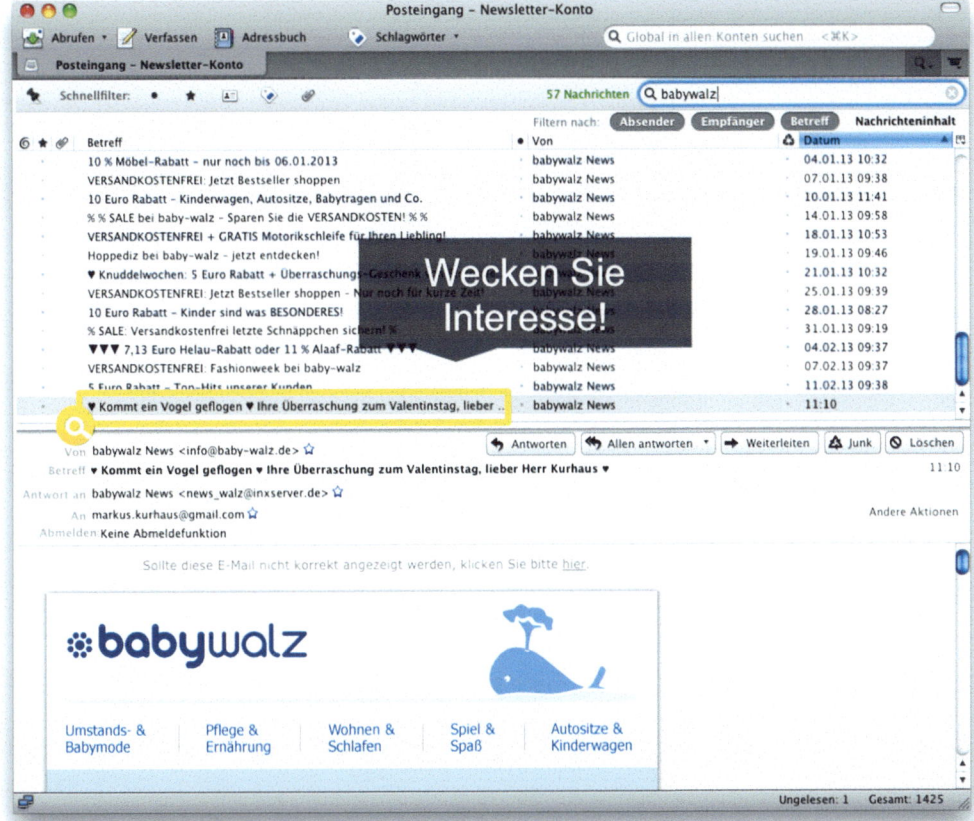

◘ **Abb. 4.5** Betreffzeile soll zum Öffnen anregen

Praxisbeispiele

Martin Bucher, Katja Hänsler, Roman Schiffelholz, Michael Uhrich, Michael Waßmer

5.1	**Praxisbeispiel 1: Automatisiertes Messe-Einladungsmanagement spart Zeit und Geld** – 110	
5.1.1	Ziele der Kampagne – 110	
5.1.2	Beispiel Messe-Einladungskampagne – 111	
5.1.3	Mehrwert der Messe-Einladungskampagne – 111	
5.2	**Praxisbeispiel 2: Erfolgreiches E-Mail-Marketing bei BIKESportworld** – 112	
5.2.1	Neue Wege in Verkauf und Werbung – 113	
5.2.2	Gefüllte Warenkörbe dank verkaufsfördernder Maßnahmen – 113	
5.2.3	Spürbare Erfolge innerhalb kürzester Zeit – 114	
5.2.4	Fazit – 115	

5.1 Praxisbeispiel 1: Automatisiertes Messe-Einladungsmanagement spart Zeit und Geld

Zielgruppen selektieren, den Messestand planen, Tagesprogramm und Catering organisieren: Das sind nur ein paar der Schritte, die ein Messe-Organisator gehen muss, wenn er eine gut besuchte und erfolgreiche Messe planen möchte. Einen erheblichen Anteil der Vorbereitung nimmt dabei das Einladungsmanagement ein. Der Besucher muss informiert und erinnert werden, im besten Fall vereinbart er schon vor der Messe einen Gesprächstermin auf dem Event. Und natürlich ist es wichtig zu wissen, wie viele Kunden und Interessenten am Messestand eintreffen werden. Um das Einladungsmanagement so zeit- und aufwandsparend wie möglich zu machen, gibt es einen Trick: Automatisieren Sie Ihre Messeeinladungen mit einer E-Mail-Kampagne!

5.1.1 Ziele der Kampagne

Wie machen Sie Ihre Zielgruppe möglichst effizient auf Ihr Event aufmerksam? Mit einer professionellen E-Mail-Marketinglösung können Sie Ihre Einladungen und Erinnerungen individuell gestalten und Ihre Zielgruppe personalisiert ansprechen. So wecken Sie das Interesse an Ihrem Event und gewinnen Besucher. Die Personalisierung und der Versand der Mailings erfolgen dabei automatisch, so dass Sie auch bei einem Großevent mit vielen Besuchern einen geringen Aufwand haben. Nicht nur die Einladungs- und Erinnerungsmailings können gesteuert werden; wenn Empfänger absagen, wird ein zweiter Zweig der E-Mail-Kampagne angestoßen. Hier erhalten Absager spezielle Informationen, durch die sie über die Messe hinaus in Kontakt mit dem Unternehmen bleiben. Das Interesse an den Produkten und Dienstleistungen bleibt bestehen – die Customer Journey wird nicht unterbrochen. Durch dieses Vorgehen werden alle Empfänger ganz individuell mit passenden Informationen versorgt und fühlen sich an jedem Punkt der Kampagne in ihren aktuellen Bedürfnissen verstanden. Für den Marketer entsteht dabei kein Mehraufwand – das Gegenteil ist der Fall. Aufwand wird eingespart und dafür die Kundenbindung gestärkt. So können zum Beispiel während und nach der Veranstaltung Touchpoints in Social Media Kanälen geschaltet werden. Oder es kann gleich eine Ankündigung für die nächste Veranstaltung versendet werden.

5.1.2 Beispiel Messe-Einladungskampagne

Erster Schritt: Zusammenstellung der wesentlichen Fragen zur Erstellung eines passenden Workflows für die Messekampagne:
- Welche Zielgruppen gibt es?
- Wie viele Mailings und wie viele Erinnerungen sollen versendet werden?
- Wird die Eintrittskarte oder die Verlinkung auf die Seite des Anbieters mit versendet?
- Gibt es ein Gewinnspiel oder ein Incentive?
- Wann werden die Nachbereitungsmailings verschickt?
- Woher kommen die Empfänger?
- Können verschiedene Inhalte, z. B. Zugtickets automatisiert eingebunden werden?

Zweiter Schritt: Versendung der individualisierten Messeeinladung mit direkter An- oder Abmeldung. Empfänger, die nicht antworten, erhalten nach sieben Tagen eine Erinnerung.

Dritter Schritt: Antwortmail auf die Zu- oder Absage. Bei einer Absage erhalten die Empfänger ein letztes Mailing mit weiteren Informationen zu den Messe-Highlights und der Möglichkeit, einen Gesprächstermin nach der Messe zu vereinbaren. Bei einer Zusage wird der Empfänger auf eine Landingpage mit der Registrierung weitergeführt, welche auch die Möglichkeit bietet, weitere Personen anzumelden.

Vierter Schritt: Bestätigungsmail mit einem individuellen Zugangscode und einem Gewinnspielcode.

Fünfter Schritt: Erinnerungsmail an Zusagen, 10 Tage vor der Messe mit Highlights des Messeauftritts (siehe ◘ Abb. 5.1).

5.1.3 Mehrwert der Messe-Einladungskampagne

- Professionelles Handling und zielgruppenorientierte Inhalte helfen dabei, die Kampagnenempfänger für die Messe zu gewinnen.
- Dank der transparenten Auswertung der Reaktionen kann man einfach nachvollziehen, wie viele Kampagnenempfänger die Messe besuchen. Dadurch wird die Terminplanung für das Messeteam vereinfacht.

◘ **Abb. 5.1** Der Einladungsmanagement-Prozess

- Die automatisierte Lösung ist zuverlässig und vermeidet Fehler, die bei der manuellen Handhabung der Messeinladungen passieren können.
- Die Kampagne ist nicht nur für eine Messe einsetzbar. Der Prozess kann in Zukunft auch für weitere Veranstaltungen genutzt werden.
- Die Nachbereitung, die sonst mit viel administrativem Aufwand verbunden ist, wird ebenfalls automatisiert.
- Die Kundenbindung kann durch eine professionelle Nachbereitung verstärkt werden. So bleiben Sie auch mit Absagern in Kontakt.
- Die Kampagne ist auch für andere Events anwendbar.

5.2 Praxisbeispiel 2: Erfolgreiches E-Mail-Marketing bei BIKESportworld

Durch die effektive Kundenansprache per E-Mail können sowohl große Konzerne als auch mittelständische Firmen von deutlichen Umsatzsteigerungen und einer höheren Kundenbindung profitieren. Wie dies innerhalb kurzer Zeit gelingen kann, wenn man die richtigen Maßnahmen ergreift, zeigt der Profi-Fahrradhändler BIKESportworld.

5.2.1 Neue Wege in Verkauf und Werbung

Die Bike-Welt dreht sich ständig: Fast täglich präsentieren Hersteller neue Fahrrad-Modelle und Zubehör. Egal ob Rennrad, Stadtrad oder Profi-Bike – ein breites Sortiment holt Radfahrer jeglicher Art in die BIKESportworld. Ladengeschäft und Online-Shop sind topmodern aufgestellt, der Umsatz steigt von Jahr zu Jahr. Mittlerweile wird die Hälfte davon über den Online-Shop erzielt – ein erfolgreiches Beispiel für ein gelungenes Zusammenspiel von „analoger" und digitaler Welt. Auch im Bereich des Marketings geht man seit kurzem neue Wege: Mit einer gezielten E-Mail-Marketingstrategie und ansprechend gestalteten Newslettern werden Impulse geschaffen, um Kunden, Fans und Besucher zu (Wieder-)Käufern zu machen.

BIKESportworld wurde 2015 fünf Jahre alt. Grund genug, um an den Stellschrauben für die Vermarktung zu drehen und damit die Reichweite für den Profi-Fahrradhändler zu erhöhen. Um dieses Ziel in die Tat umzusetzen, wurde der monatlich erscheinende Newsletter in einem komplett neuen und modernen Layout umgesetzt. Das neue Newsletter-Template ist darauf optimiert, die Verkäufe über den Newsletter anzukurbeln und das Angebot des Fahrradladens so attraktiv wie möglich zu präsentieren (siehe ◘ Abb. 5.2). Das Ziel: den Empfängern ein einmaliges Einkaufserlebnis zu bieten.

5.2.2 Gefüllte Warenkörbe dank verkaufsfördernder Maßnahmen

Bei der Neuauflage des Newsletter-Layouts lag der besondere Fokus nicht nur auf der zum Online-Shop passenden Optik. Besonders wichtig war auch die verbesserte Preiskommunikation innerhalb des Newsletters. Anmeldeseite, Betreffzeile und vor allem die Inhalte zielen darauf ab, den Nutzer direkt abzuholen und den Warenkorb zu füllen. Um die Empfänger zum Kauf anzuregen, liefert der Newsletter als besonderes Incentive außerdem einen Gutschein-Coupon mit.

Damit die Leserführung perfekt funktioniert, wurde die Usability des Mailings stark verbessert. Der neue Newsletter besticht durch eine übersichtliche und eindeutige Darstellung und weist dem Leser gezielt den Weg durch die Inhalte des Mailings. Um den Empfängern auch mobil immer das beste Leseerlebnis zu bieten, wurden die Inhalte mobil optimiert – heutzutage ein absolutes Muss, da immer mehr Leute per Smartphone oder Tablet auf ihre E-Mails zugreifen.

■ **Abb. 5.2** BIKESportworld Newsletter vorher und nachher

Da der Servicegedanke für BIKESportworld von zentraler Bedeutung ist, werden die Möglichkeiten zum Kundendialog an zentraler Stelle im Newsletter kommuniziert. Dadurch können Interessenten ganz einfach mit BIKESportworld in Kontakt treten.

5.2.3 Spürbare Erfolge innerhalb kürzester Zeit

Durch das neue Layout wirkt der Newsletter nun insgesamt aufgeräumter und übersichtlicher. Look & Feel entsprechen dem der Webseite – der Wiedererkennungseffekt für die Empfänger ist somit gegeben. Darüber hinaus beinhaltet der neue Newsletter einen stark verbesserten Kommunikationsfokus: Preis und Service stehen im Mittelpunkt und runden das Produktangebot optimal ab. Da die Produkte automatisch aus dem Online-Shop in den Newsletter übernommen werden, reduziert sich der Aufwand für die Erstellung des Newsletters auf ein Minimum.

Zusätzlich wurde der Newsletter mit einer Weiterempfehlungsmöglichkeit ausgestattet, durch die weitere Adresse generiert werden können. Die Reichweite erhöht sich dadurch praktisch von allein – jenseits von Facebook-Fans. Schon nach dem ersten Versand zeigte sich, wie gut der neue Newsletter von den Bikesportbegeisterten Lesern angenommen wird.

Die Öffnungsrate der ersten Kampagne lag bei fast 40 % und stieg mit einer Nachfasskampagne sogar auf 48 % an. Auch die Klickrate konnte um ganze fünf Prozent auf insgesamt 14 % gesteigert werden.

5.2.4 Fazit

Das Beispiel BIKESportworld zeigt, worauf es beim erfolgreichen E-Mail-Marketing ankommt. Durch das attraktive Layout, die optimale Nutzerführung und die eindeutige Preiskommunikation werden Kaufanreize gezielt gesetzt.

So konnten nicht nur mehr Leute in das Ladengeschäft gelockt werden, sondern es war darüber hinaus auch möglich, den Umsatz des Online-Shops noch einmal spürbar zu steigern.

Glossar

Martin Bucher, Katja Hänsler, Roman Schiffelholz, Michael Uhrich, Michael Waßmer

A

- **A/B-Test**

Siehe Split-Test

- **Abmeldelink**

Als Abmeldelink (engl. Unsubscribe Link) wird im E-Mail-Marketing ein Link zur Abmeldung von einem Newsletter bezeichnet. Das Klicken des Links durch den Empfänger löst das entsprechende Abmeldeverfahren aus.

Aus rechtlicher Sicht muss der Empfänger jederzeit seine Einwilligung zum Erhalt von Newslettern und E-Mailings widerrufen können. In der Praxis ist ein Abmeldelink die am weitesten verbreitete Möglichkeit zum Abbestellen von Nachrichten eines bestimmten Verteilers. Der Abmeldelink befindet sich dabei in der Regel am unteren Ende jeder versendeten E-Mail. Dort stört er die optische Gestaltung des Mailings am wenigsten und wird dort auch von den Empfängern am besten gefunden. Ein Abmeldelink sollte leicht erkennbar sein und die Abmeldung nicht unnötig erschweren.

- **Abmelderate**

Als Abmelderate (auch Abwanderungsquote, engl. Churn Rate, engl. Unsubscribe Rate) wird im E-Mail-Marketing das prozentuale Verhältnis zwischen Anzahl der Abmeldungen und Anzahl der zugestellten E-Mails bei einem Versand bezeichnet.

Eine hohe Abmelderate signalisiert, dass die Empfänger keine weiteren Mailings erhalten möchten. Die Gründe für die Abmeldung können unterschiedlich sein. Die häufigsten Ursachen sind eine zu geringe Relevanz der versendeten Inhalte, zu häufiges oder zu seltenes Versenden sowie zu viel Werbung im Posteingang der Empfänger.

Die Abmelderate berechnet sich wie folgt:

Abmelderate [%] = Abmeldungen / (Versandmenge – Bounces) × 100

- **Abmeldeverfahren**

Als Abmeldeverfahren wird im E-Mail-Marketing ein Verfahren bezeichnet, das bei der Abmeldung (engl. Opt-Out) eines Empfängers von einem Newsletter zum Einsatz kommt. Das Abmeldeverfahren beginnt, nachdem der Empfänger auf den Abmeldelink geklickt hat oder sich über List-Unsubscribe von einem Verteiler abgemeldet hat.

Im E-Mail-Marketing werden die drei Abmeldeverfahren Single-Opt-Out (SOO), Confirmed-Opt-Out (COO) und Double-

Opt-Out (DOO) unterschieden. Von Prinzip und Ablauf ähneln diese den Anmeldeverfahren.

- **Abmeldung**

Als Abmeldung (engl. Opt-Out) wird im E-Mail-Marketing das Abbestellen eines Newsletters bezeichnet. Abgemeldete Empfänger erhalten aus dem entsprechenden Verteiler keine Mailings mehr. Der prozentuale Anteil an erreichten Empfängern, die sich nach einem Versand abmelden, wird als Abmelderate bezeichnet.

Meldet sich ein Empfänger von einem Verteiler ab, bedeutet dies, dass er keine weiteren Mailings mehr erhalten möchte. Die Gründe für die Abmeldung können dabei sehr unterschiedlich sein. Allerdings bedeutet ein abgemeldeter Empfänger nicht zwangsläufig auch einen verlorenen Kunden. Deshalb sollte die Abmeldung für den Empfänger möglichst einfach gestaltet sein. Ist dies nicht der Fall, verwenden viele Empfänger stattdessen die Funktion „als Spam markieren", was zu einer sinkenden Reputation der Versanddomain führen kann.

Um sich von einem Verteiler abzumelden, stehen dem Empfänger in der Praxis meist mehrere Wege zur Verfügung. Die Abmeldung über einen Abmeldelink am unteren Ende des Mailings ist die am weitesten verbreitete Variante. Ergänzend dazu wird immer häufiger die besonders nutzerfreundliche Abmeldung per List-Unsubscribe angeboten. Daneben können sich Empfänger häufig auch über eine Profilverwaltung abmelden. Abmeldungen auf dem Postweg sowie per Fax oder Telefon sind ebenfalls verbindlich und müssen durch den Versender umgehend vorgenommen werden.

- **Abonnenten**

Siehe Empfänger

- **Abonnentengewinnung**

Siehe Adressgenerierung

- **Abonnentenzahl**

Siehe Verteilergröße

- **Absender**

Als Absender (engl. Sender) wird im E-Mail-Marketing der Versender eines Mailings bzw. eines Newsletters bezeichnet. Der Empfänger des Newsletters kann den Absender anhand der Absenderadresse erkennen. Hierbei ist jedoch zu beachten, dass Absenderadressen von Newslettern vergleichsweise einfach gefälscht oder verschleiert werden können.

- **Absenderadresse**

Die Absenderadresse (engl. From-Address) ist die E-Mail-Adresse, die dem Empfänger als zum Absender gehörig angezeigt wird. Es können mehrere Absenderadressen angegeben werden. Die meisten E-Mail-Programme unterstützen allerdings nur das Anzeigen einer einzigen Absenderadresse. Bei seriösem E-Mail-Marketing sollte die Absenderadresse eine real existierende, erreichbare (keine No-Reply) Adresse sein.

- **Abwanderungsquote**

Siehe Abmelderate

- **Adressgenerierung**

Unter Adressgenerierung versteht man im E-Mail-Marketing das rechtskonforme Sammeln von E-Mail-Adressen, um einen entsprechenden Verteiler aufzubauen. Ziel ist meistens, eine möglichst große Anzahl an hochwertigen Kontakten zu gewinnen. Dafür können verschiedene Methoden wie z.B. Newsletter-Anmeldeformulare, Gewinnspiele, Co-Sponsoring und Co-Registrierung zum Einsatz kommen.

- **Anhang**

Unter einem Anhang oder Dateianhang (engl. Attachment) wird im E-Mail-Marketing eine an ein Mailing angehängte Datei verstanden. Anhänge werden direkt mit dem Mailing versendet und sind deshalb für den Empfänger unmittelbar nach dem vollständigen Herunterladen des Mailings verfügbar. Dadurch sind diese für den Empfänger schnell und einfach zu öffnen.

Prinzipiell lassen sich alle möglichen Arten von Dateien, z.B. Dokumente, Bilder und Videos, an ein Mailing anhängen. In der Praxis hat sich allerdings gezeigt, dass bestimmte Dateitypen als SPAM-Merkmale interpretiert werden und damit die Zustellbarkeit negativ beeinflussen.

In der Regel sollten Dateien nicht als Anhang eines Mailings versendet werden, da das Mailing dadurch sehr groß werden kann. Generell bietet es sich an, entsprechende Dateien auf einen Webserver abzulegen und lediglich den Link zum Herunterladen mit dem Mailing zu verschicken.

- **Anmeldeverfahren**

Als Anmeldeverfahren wird im E-Mail-Marketing ein Verfahren bezeichnet, das bei der Anmeldung (engl. Opt-In) eines Empfängers an einem Verteiler zum Einsatz kommt. Das Anmeldeverfah-

A

ren beginnt, nachdem der Empfänger das Anmeldeformular für den Verteiler ausgefüllt hat.

Insgesamt lassen sich im E-Mail-Marketing die drei gängigen Anmeldeverfahren Single-Opt-In (SOI), Confirmed-Opt-In (COI) und Double-Opt-In (DOI) unterscheiden. Von Prinzip und Ablauf ähneln diese den Abmeldeverfahren.

- **Anmeldung**

Als Anmeldung (engl. Opt-In) wird im E-Mail-Marketing das Bestellen eines Newsletters bezeichnet. Angemeldete Empfänger erhalten nach Abschluss des Anmeldeverfahrens Mailings aus dem entsprechenden Verteiler.

- **Antwort**

Unter Antwort wird im E-Mail-Marketing die Rückmeldung eines Empfängers an die Antwortadresse eines Newsletters verstanden. Die meisten E-Mail-Programme bieten die Möglichkeit, durch das Anklicken einer Antworten-Schaltfläche eine neue E-Mail zu erstellen, bei der die Antwortadresse des ursprünglichen Mailings als Empfängeradresse eingetragen ist.

- **Antwortadresse**

Als Antwortadresse (engl. Reply-to-Address) wird die E-Mail-Adresse bezeichnet, an die die Antworten von Empfängern auf eine zuvor versendete E-Mail gesendet werden. Die Antwortadresse kann sich dabei von der Absenderadresse unterscheiden, sodass Antworten nicht an den ursprünglichen Absender gehen.

Unter Umständen kann es von Vorteil sein, wenn die Antworten der Empfänger nicht an die Absenderadresse gesendet werden. Ein Beispiel hierfür ist der Versand eines Newsletters durch die übergeordnete europaweite Verkaufsabteilung mit einer eigenen Absenderadresse. Antworten auf den versendeten Newsletter sollen allerdings an die jeweiligen Ländervertretungen gehen. Dies wird dadurch erreicht, dass als Antwortadresse die E-Mail-Adresse der Ländervertretung angegeben wird.

- **Application Service Provider (ASP)**

Ein Application Service Provider (ASP) ist ein Dienstleister, der seinen Kunden über ein öffentliches Netz, wie beispielsweise das Internet, Zugriff auf seine Software bietet. Im Gegensatz zu einer Lizensierung kauft der Kunde die Software dabei nicht, sondern mietet diese. Bei Webapplikationen kann der Kunde per Webbrowser die Software nutzen, bei Client-Server-Applikationen braucht der Kunde lediglich den Client auf seinem lokalen Rechner zu installieren. Der Dienstanbieter stellt den zugehörigen Server bereit und kümmert sich um dessen Wartung sowie um die technische Infrastruktur im Allgemeinen.

- **Attachment**

Siehe Anhang

- **Autoresponder**

Ein Autoresponder ist ein Mechanismus, der automatisch beim Eintreten eines bestimmten Ereignisses, wie z. B. dem Erhalt einer E-Mail, eine automatische Antwort (Autoreply) versendet. Im E-Mail-Marketing sind Autoresponder vor allem im Zusammenhang mit automatischen Unzustellbarkeitsnachrichten (Bounces) und Abwesenheitsnachrichten (Out-Of-Office-Reply, OOOR) von Relevanz.

B

- **Betreff**

Der Betreff eines Newsletters informiert den Empfänger in der Regel in Kurzform über den Inhalt der Nachricht. In vielen E-Mail-Programmen werden vor dem Öffnen der Nachricht nur der Betreff und die Absenderadresse angezeigt. Der Betreff sollte deshalb so gewählt sein, dass dieser den Inhalt gut beschreibt und den Empfänger zum Öffnen der Nachricht animiert. Wenn ein Betreff schlecht gewählt wird, kann dies dazu führen, dass der Empfänger die Nachricht ungelesen löscht. Deshalb ist der Betreff vor allem in Bezug auf die Öffnungsrate von hoher Bedeutung.

- **Betreffzeile**

Siehe Betreff

- **Bild-Tracking**

Siehe Tracking

- **Blacklist**

Siehe Schwarze Liste

- **Bounce-Manangement**

Das Bounce-Management ist eine Funktion professioneller E-Mail-Software zum automatischen Erkennen von nicht erreichbaren E-Mail-Adressen. Dabei wird das versendende System über unzustellbare E-Mails (Bounces) durch automatisch generierte Fehlermeldungen (Bounce-Messages) informiert.

- **Bouncerate**

Die Bouncerate (engl. bounce rate) gibt das prozentuale Verhältnis der Anzahl der Bounces in Bezug auf die Versandmenge an. Die Anzahl der Bounces wird dabei durch das sogenannte Bounce-Management ermittelt.

Eine niedrige Bouncerate ist ein Indikator für eine gute Qualität eines Verteilers.

Die Bounce-Rate berechnet sich mit dieser Formel:
Bouncerate [%] = Bounces / Versandmenge × 100

- **Bounce**

Als Bounce wird eine Fehlermeldung bezeichnet, die vom Mailserver als Antwort auf ein nicht zustellbares Mailing erzeugt und an den Versender zurückgeschickt wird. Dabei gibt es zwei Arten von Bounces: Hard- und Softbounces.

Hardbounces sind dauerhafte Fehler wie beispielsweise eine nicht mehr existierende E-Mail-Adresse. Sie sollten regelmäßig aus der Verteiler entfernt werden. Die meisten E-Mail-Marketingsysteme entfernen die nicht funktionierende E-Mail-Adresse automatisch aus dem E-Mail-Verteiler. Werden gebouncte Adressen zu oft angeschrieben, kann der Versender gegebenenfalls als Spammer eingestuft werden.

Softbounces sind dagegen vorübergehende Fehler wie beispielsweise ein volles E-Mail-Postfach. In solchen Fällen versucht der Mailserver das Mailing zu einem späteren Zeitpunkt erneut zuzustellen. Scheitert dies nach mehreren Versuchen, dann wird der Softbounce meist zu einem Hardbounce hochgestuft.

- **Bundesdatenschutzgesetz (BDSG)**

Das deutsche Bundesdatenschutzgesetz (BDSG) regelt den Umgang mit personenbezogenen Daten. Im E-Mail-Marketing sind eine ganze Reihe von Anforderungen an den Datenschutz zu beachten.

- **Business-to-Business (B2B)**

Der Begriff Business-to-Business (B2B) bezeichnet im Allgemeinen die Beziehung zwischen mindestens zwei Unternehmen. Im E-Mail-Marketing bedeutet der Begriff, dass die Empfänger des Newsletters aus dem Unternehmensbereich stammen. Das Gegenstück zu Business-to-Business (B2B) wird durch den Begriff Business-to-Consumer (B2C) bezeichnet.

- **Business-to-Consumer (B2C)**

Der Begriff Business-to-Consumer (B2C) bezeichnet im Allgemeinen die Beziehung zwischen einem Unternehmen und Konsumenten. Im E-Mail-Marketing bedeutet der Begriff, dass die Empfänger des Newsletters hauptsächlich Privatpersonen sind. Das Gegenstück zu Business-to-Consumer (B2C) wird durch den Begriff Business-to-Business (B2B) bezeichnet.

C

- **Certified Senders Alliance (CSA)**

Die Certified Senders Alliance (CSA) wurde im 2005 ins Leben gerufen. Es handelt sich dabei um ein Projekt des Verbands der deutschen Internetwirtschaft eco e. V. und des Deutschen Dialogmarketing Verbands. Ziel des Projekts ist, dass elektronische Post, die mit Einwilligung des Empfängers von einem seriösen Versandanbieter verschickt wird, den Empfänger auch wirklich erreicht und nicht beim E-Mail-Provider im Spamfilter hängen bleibt.

Damit dies funktioniert, gibt es eine zentrale sogenannte Whitelist, in die sich Mailing-Versender kostenpflichtig eintragen lassen können. Zur Aufnahme in diese Liste müssen gewisse Kriterien erfüllt werden. Die Einhaltung dieser Richtlinien wird von einem Kontrollgremium überwacht.

Vorteil dieser zentralen Liste ist, dass man sich nur einmal eintragen lassen muss, um bei allen teilnehmenden Providern auf der weißen Liste zu stehen.

- **Churn-Rate**

Siehe Abmelderate

- **Click-Through-Rate (CTR)**

Siehe Klickrate

- **Click-To-Open-Rate (CTOR)**

Siehe Effektive Klickrate

- **Confirmed-Opt-In (COI)**

Bei der bestätigten Anmeldung an einen Verteiler (engl. Confirmed-Opt-In, COI) erhält der Empfänger nach der Anmeldung lediglich eine E-Mail zur Bestätigung seiner Anmeldung. Da bei diesem Verfahren Missbrauch nicht ausgeschlossen werden kann, wird dieses Verfahren allgemein nicht empfohlen. Besser geeignet ist das Verfahren Double-Opt-In (DOI).

- **Confirmed-Opt-Out (COO)**
Bei der bestätigten Abmeldung vom Verteiler (engl. Confirmed-Opt-Out, COO) erhält der Empfänger nach der Abmeldung eine E-Mail, in der diese bestätigt wird. Da der Empfänger bereits durch seine Abmeldung seine Einwilligung zum Erhalt von E-Mails widerrufen hat, erfolgt der Versand der Bestätigungs-E-Mail rechtlich gesehen ohne dessen Zustimmung, was entsprechend problematisch zu sehen ist. Dieses Verfahren wird deshalb nicht empfohlen.

- **Content-Management-System (CMS)**
Ein Content-Management-System (CMS) dient der gemeinschaftlichen Erstellung, Bearbeitung und Verwaltung von Inhalten (Content). Häufig werden mit Hilfe eines CMS Webseiten erstellt. Inhalte aus einem CMS können mit der entsprechenden Technik halbautomatisch (Content-Übernahme) oder auch vollautomatisch (Content-Integration) in Mailings und Newsletter übernommen werden.

- **Conversion**
Siehe Konversion

- **Conversion-Rate**
Siehe Konversionsrate

- **Co-Registrierung**
Der Begriff Co-Registrierung (kurz auch Coreg genannt) bedeutet im Kontext des E-Mail-Marketings, dass zusätzlich zur Registrierung für einen Newsletter weitere Registrierungsmöglichkeiten angeboten werden, ohne dass der Empfänger seine Daten erneut eingeben muss. So kann der Abonnent beispielsweise den Newsletter und zusätzlich optional den gedruckten Katalog bestellen. Häufig wird die Co-Registrierung in zwei Stufen aufgebaut, wobei in weiteren Schritten zusätzliche Daten wie z. B. die Postanschrift oder das Geburtsdatum erhoben werden können, wenn diese für die Co-Registrierung erforderlich sind.

- **Co-Sponsoring**
Mit Co-Sponsoring wird im E-Mail-Marketing häufig die gemeinsame Erhebung von Adressdaten durch mehrere Unternehmen bezeichnet. Co-Sponsoring wird häufig beim Durchführen von Gewinnspielen zur Adressgenerierung angewendet. Dabei willigt der Nutzer durch seine Teilnahme ein, dass seine Adressdaten an die sogenannten Co-Sponsoren weitergegeben werden.

- **Costs-Per-Click (CPC)**
Mit Costs-per-Click (CPC) werden im E-Mail-Marketing die Kosten pro Klick in einem versendeten Mailing oder in einer Kampagne bezeichnet. Die Berechnung der Costs-Per-Click erfolgt anhand folgender Formel:
Costs-Per-Click (CPC) [€] = Gesamtkosten / Klicks

- **Costs-Per-Mille (CPM)**
Siehe Tausend-Kontakt-Preis (TKP)

- **Costs-Per-Order (CPO)**
Mit Costs-Per-Order (CPO) werden im E-Mail-Marketing die Kosten pro Bestellung für ein versendetes Mailing oder eine Kampagne bezeichnet. Die Berechnung der Costs-Per-Order (CPO) erfolgt anhand folgender Formel:
Costs-Per-Order (CPO) [€] = Gesamtkosten / Bestellungen

- **Cross-Selling**
Siehe Querverkauf

- **Customer Lifetime Value (CLV)**
Der Customer Lifetime Value (CLV) ist der finanzielle Wert eines Kunden während der gesamten Kundenbeziehung. Dabei fließt neben historischen Umsätzen auch der zukünftig erwartete Umsatz mit in die Berechnung ein (Kundenpotenzial). Viele Unternehmen haben zum Ziel, das volle Potenzial des Kunden auszuschöpfen. E-Mail-Marketing kann dabei helfen, dieses Ziel zu erreichen.

- **Customer Life Cycle (CLC)**
Der Customer Life Cycle (CLC, dt. Kundenlebenszyklus) ist die Zeitspanne, in der eine Kundenbeziehung besteht. Der Customer Life Cycle lässt sich in die Phasen Interessent, Neukunde, Bestandskunde und inaktiver Kunde unterteilen. Je nach Phase eignen sich unterschiedliche Marketing-Maßnahmen, um beispielsweise aus Interessenten Neukunden, aus Neukunden Bestandskunden oder aus inaktiven Kunden wieder Bestandskunden zu machen.

- **Customer-Relationship-Management (CRM)**
Der Begriff Customer-Relationship-Management (CRM) (dt. Kundenbeziehungsmanagement, Kundenpflege) bedeutet, dass ein Unternehmen seine gesamte Aktivität konsequent auf seine Kunden ausrichtet und die Kundenbeziehungsprozesse systematisch gestaltet. Um eine große Anzahl von Kunden verwalten zu können, wird

deshalb häufig ein Customer-Relationship-Management-System (CRM-System) eingesetzt.

- **Customer-Relationship-Management-System (CRM-System)**
Ein Customer-Relationship-Management-System (CRM-System) ist eine Software zur Verwaltung einer großen Anzahl an Kundendaten und Kundenbeziehungsprozessen. Im E-Mail-Marketing findet häufig über Schnittstellen ein Austausch von Kundendaten und Mailing-Kennzahlen zwischen dem CRM-System und der E-Mail-Marketingversandlösung statt. Dadurch lassen sich entsprechende Prozesse im Kundenbeziehungsmanagement planen, umsetzen und kontrollieren.

D

- **Database**
Siehe Datenbank

- **Dateianhang**
Siehe Anhang

- **Datenbank**
Eine Datenbank (auch Datenbanksystem, engl. Database) dient zur elektronischen Verwaltung, Speicherung und Bereitstellung von Daten. Im E-Mail-Marketing werden beispielsweise die Empfängerdaten und die Trackingdaten in Datenbanken gespeichert.

- **Datensparsamkeit**
Das Gesetz der Datensparsamkeit (§ 3a Bundesdatenschutzgesetz, BDSG) regelt die Erhebung von personenbezogenen Daten. Es dürfen nur solche Daten erhoben werden, die zur Erbringung eines Dienstes oder einer Dienstleistung notwendig sind. Für einen Newsletter (Dienst) ist demnach nur die E-Mail-Adresse obligatorisch; nur sie darf somit das einzige Pflichtfeld bei der Anmeldung sein.

- **Disclaimer**
Siehe Impressum

- **Domain-based Message Authentication, Reporting and Conformance (DMARC)**
Die Spezifikation Domain-based Message Authentication, Reporting and Conformance (DMARC) dient zur Vermeidung des

Missbrauchs von E-Mail-Absenderadressen. DMARC basiert auf den bereits bekannten Standards SPF (Sender Policy Framework) und DKIM (DomainKeys Identified Mail) zur Authentifizierung und Überprüfung von E-Mails.

- **DomainKeys Identified Mail (DKIM)**

Der Standard DomainKeys Identified Mail (DKIM) dient zur Sicherstellung der Authentizität (Echtheit) von E-Mail-Absendern.

- **Double-Opt-In (DOI)**

Das Double-Opt-In (DOI) ist das verbreitetste Anmeldeverfahren im E-Mail-Marketing. Nach dem Ausfüllen und Absenden des Anmeldeformulars auf der Webseite erhält der Interessent eine E-Mail mit einem Anmeldebestätigungslink. Erst mit dem Klick auf den Bestätigungslink erfolgt die tatsächliche Anmeldung an den Verteiler. Damit kann eine missbräuchliche Nutzung von E-Mail-Adressen vermieden und sichergestellt werden, dass der Empfänger selbst die E-Mail-Adresse eingetragen hat. Das Verfahren erleichtert im Bedarfsfall auch den Nachweis einer rechtlich einwandfreien Anmeldung am Verteiler.

- **Double-Opt-Out (DOO)**

Bei der doppelten Abmeldung (engl. Double Opt-Out) erhält der Empfänger nach dem Anstoßen des Abmeldeverfahrens eine E-Mail mit einem Abmelde-bestätigungslink. Erst mit dem Klick auf den Link erfolgt die eigentliche Abmeldung vom Verteiler. Versehentliche und unberechtigte Abmeldungen, z. B. durch Klicks auf Abmeldelinks in weitergeleiteten E-Mails, können damit verhindert werden. Ein Nachteil ist, wie beim Confirmed-Opt-Out, dass die E-Mail mit dem Abmeldebestätigungslink nach dem Widerruf der Einwilligung durch den Empfänger versendet wird.

- **Dubletten**

Dubletten sind redundante, d. h. doppelt vorhandene Datensätze in einer Datenbank. Im E-Mail-Marketing wird häufig eine Prüfung auf Dubletten anhand der E-Mail-Adresse vorgenommen.

E

- **Effektive Klickrate**

Die Effektive Klickrate (engl. Click-To-Open-Rate, CTOR) gibt das Verhältnis von klickenden zu öffnenden Empfängern in Prozent wieder.

Eine hohe Effektive Klickrate ist ein Indikator für die Relevanz von Newsletter-Inhalten, die grafische Gestaltung und die Platzierung von Call-To-Action-Elementen (CTAs).

Effektive Klickrate [%] = Klickende Empfänger / Öffnende Empfänger × 100

- **Einwilligung**

Mit Einwilligung wird im E-Mail-Marketing die Einwilligung des Empfängers zum Erhalt von Newslettern und Mailings bezeichnet. Grundsätzlich werden zwei Arten von Einwilligung unterschieden:

Ausdrückliche Einwilligung: Voraussetzung für seriöses E-Mail-Marketing ist eine ausdrückliche Einwilligung des Empfängers. Sie ist aus Datenschutz- und wettbewerbsrechtlichen Gründen wichtig. Die Einwilligung muss durch Aktivierung einer Checkbox abgegeben und gegenüber weiteren Einwilligungserklärungen hervorgehoben werden.

Mutmaßliche Einwilligung (Bestandskunden): Eine Einwilligung ist mutmaßlich anzunehmen, wenn der Empfänger bereits eine Ware oder Dienstleistung bezogen hat und die Adresse zur Direktwerbung für eigene ähnliche Waren oder Dienstleistungen verwendet wird, der Empfänger der Verwendung nicht widersprochen hat und bei der Erhebung und Verwendung der Daten auf das Widerspruchsrecht hingewiesen wird.

- **E-Mail-Marketing**

E-Mail-Marketing, als Teildisziplin des Online-Marketings, ist gewissermaßen Direkt- und Dialogmarketing per E-Mail. Die Zielgruppe wird direkt und persönlich angesprochen und zu einer Reaktion (Call-To-Action), wie z. B. dem Besuch einer Webseite oder dem Kauf von Produkten, aufgefordert.

- **Empfänger**

Empfänger sind im E-Mail-Marketing Nutzer, die an einem E-Mail-Verteiler angemeldet sind.

- **Empfängerprofil**

Als Empfängerprofil wird der Datensatz eines Empfängers bezeichnet. Dieser besteht mindestens aus der E-Mail-Adresse, häufig auch aus personenbezogenen Daten wie Anrede, Vorname und Nachname. Zusätzlich können empfängerspezifische Daten, wie beispielsweise persönliche Interessen und Trackingdaten (Kauf- oder Klickverhalten), gespeichert werden.

F

- **Format**

Mailings können in verschiedenen Formaten erstellt werden: Text-Format, HTML-Format oder der Kombination aus beidem – dem Multipart-Format. Je nach Anwendungsfall eignen sich die verschiedene Formate unterschiedlich gut.

G

- **Gesetz gegen den unlauteren Wettbewerb (UWG)**

Das deutsche Gesetz gegen den unlauteren Wettbewerb (UWG) regelt den Wettbewerb zwischen Unternehmen, Verbrauchern und sonstigen Marktteilnehmern.

Aufgrund des UWG sind geschäftliche Handlungen, die andere Marktteilnehmer in unzumutbarer Weise belästigen, unzulässig. Dies gilt insbesondere bei unerwünschter Werbung. Nach dem UWG gilt Werbung per E-Mail immer als unzulässig, solange keine ausdrückliche oder mutmaßliche Einwilligung des Adressaten vorliegt.

H

- **Hard-Bounce**

Siehe Bounce

- **Header**

Der Header (von engl. Kopfzeile) einer E-Mail enthält verschiedene Informationen über die Zustellung von dieser E-Mail.

- **HTML-Format**

Ein Mailing in HTML-Format besteht aus HTML-Code. Dadurch lassen sich Links verkürzt darstellen und es besteht die Möglichkeit, mit Farben, Schriftarten und Bildern zu arbeiten. HTML-Mailings eignen sich deshalb wesentlich besser für werbliche Zwecke. Zudem kann die Öffnung des Mailings durch das Einbauen eines Zählpixels gemessen werden. Nachteil von HTML-Mailings ist vor allem der große Aufwand, um eine optimale Darstellung auf verschiedenen Endgeräten zu gewährleisten. Zudem kann das Versenden von reinen HTML-Mailings als SPAM-Merkmal gewertet werden.

I

- **Impressum**

Das Impressum (engl. Disclaimer) informiert den Empfänger über die Identität des Absenders und ist eine gesetzlich vorgeschriebene Herkunftsangabe. Die Impressumspflicht für Newsletter und E-Mails ist in Deutschland im Telemediengesetz geregelt.

- **Incentives**

Unter Incentives versteht man im E-Mail-Marketing Anreize, die Empfänger zu bestimmten Handlungen motivieren sollen. Eine häufige Form von Incentives sind Gutscheine, die beispielsweise zum Kauf anregen sollen.

- **Incentivierung**

Siehe Incentives

- **Individualisierung**

Unter Individualisierung versteht man im E-Mail-Marketing die individuelle Zusammenstellung von Newsletterinhalten für einzelne Empfänger. Dies geschieht in der Regel auf Basis von Zielgruppen- und Empfängerprofilen. Während die Individualisierung sich mit der Zusammenstellung von Newsletterinhalten befasst, beschäftigt sich die Personalisierung mit der persönlichen Ansprache der Empfänger.

- **Individualmarketing**

Zum richtigen Zeitpunkt die richtigen Inhalte an den richtigen Empfänger senden: Darum geht es beim Individualmarketing (engl. One-To-One-Marketing). Die so versandten Mailings bieten eine maximal mögliche Relevanz, die für besonders hohe Öffnungs- und Klickraten sorgt. Um Individualmarketing durchzuführen, ist ein umfassendes Wissen über die jeweiligen Empfänger nötig. Bei der Zusammenführung verschiedener Daten aus verschiedenen Quellen zu einem Empfängerprofil ist es wichtig, den Datenschutz zu beachten. Dem Individualmarketing steht das Massenmarketing gegenüber.

- **Internet Message Access Protocol (IMAP)**

Das Übertragungsprotokoll IMAP (Internet Message Access Protocol) beschreibt das Abholen von E-Mails von einem Server über ein E-Mail-Programm eines Empfängers. Alternativ kann das Post Office Protocol (POP3) verwendet werden. Um E-Mails zu versenden, wird normalerweise das Simple Mail Transfer Protocol (SMTP) benutzt.

- **Inxmail Professional**
Die E-Mail-Marketing-Versandlösung Inxmail Professional ist das Kernprodukt von Inxmail. Mithilfe dieser Software ist der Versand von individualisierten und personalisierten Newslettern und Mailings zielgenau an eine große Anzahl an Empfängern möglich. An erster Stelle steht dabei eine möglichst benutzerfreundliche Bedienoberfläche sowie Zustellbarkeit und Datensicherheit. Die optimale Darstellung der Mailings auf unterschiedlichsten Endgeräten wird durch eine umfangreiche Template-Technologie garantiert.

K

- **Klick**
Unter einem Klick wird im E-Mail-Marketing das Klicken auf einen in einem Mailing enthaltenen Link durch den Empfänger verstanden. Zu beachtende Kennzahlen sind dabei die CTR (Click-Through-Rate, zu Deutsch Einfach-Klickrate) und die CROT (Click-to-open-Rate).

Erfolgreiches E-Mail-Marketing ist im Wesentlichen von den erzielten Klicks abhängig. Darum werden die Empfänger in fast allen Mailings zu bestimmten Handlungen aufgefordert. Meist ist dies die Aufforderung zum Klicken auf einen oder mehrere Links im Mailing. Anschließend wird der Empfänger auf eine Landeseite weitergeleitet, wo er weitere Informationen und Handlungsanweisungen erhält. Wichtig für die Anzahl der Klicks ist besonders die Formulierung der Handlungsaufforderung sowie das Nutzerversprechen für den Empfänger.

- **Klickrate**
Die Klickrate (auch Einfach-Klickrate, engl. Click-Through-Rate, CRT) bezeichnet im E-Mail-Marketing das prozentuale Verhältnis zwischen der Anzahl klickenden Empfängern und der Anzahl der zugestellten E-Mails bei einem Versand.

Die Klickrate zeigt, wie relevant der Inhalt für den Leser war, und ob Call-to-Action-Elemente motivierend gestaltet bzw. platziert wurden.

Klickrate [%] = Klickende Empfänger / (Versandmenge − Bounces) × 100

- **Konversion**

Die Änderung des Status einer einzelnen Zielperson nennt man im E-Mail-Marketing Konversion (engl. Conversion). Diese wird beispielsweise erzielt, wenn ein Interessent zum Käufer wird. Daher ist die Konversion häufig das Ziel von E-Mail-Marketingkampagnen. Die Konversionsrate ist in diesem Zusammenhang die wichtigste Kennzahl.

- **Konversionsrate**

Die Konversionsrate (engl. Conversion-Rate) bezeichnet die Anzahl der Konversionen im prozentualen Verhältnis zur Anzahl der klickenden Empfänger. Dabei gilt: Je höher die Konversionsrate ist, desto erfolgreicher ist normalerweise auch die entsprechende Versendung.

Die Konversionsrate berechnet sich wie folgt:

Konversionsrate [%] = Konversionen / Klickende Empfänger × 100

- **Kundenbeziehungsmanagement**

Siehe Customer-Relationship-Management (CRM)

- **Kundenlebenszyklus**

Siehe Customer Life Cycle (CLC)

L

- **Link-Tracking**

Sogenannte Trackinglinks dienen zur Messung von Klicks. Für diese wird der Link auf die Zielseite durch einen Link zu einem Trackingserver ausgetauscht. Diese Links unterscheiden sich je nach Empfänger, Mailing und Position des Mailings. So lässt sich genau ermitteln, welcher Empfänger in welchem Mailing auf welchen Link geklickt hat.

Nach dem Klick eines Empfängers auf den Trackinglink wird dieser Klick durch den Trackingserver registriert. Danach wird der Empfänger sofort auf die ursprüngliche Zielseite weitergeleitet. Dies bemerkt der Empfänger in den meisten Fällen gar nicht. Nur bei genauem Beobachten kann man hin und wieder sehen, wie die URL in der Adresszeile des Browsers umspringt.

M

- **Massenmarketing**

Beim Massenmarketing (engl. One-To-Many-Marketing) erfolgt der Versand derselben Inhalte an eine große Anzahl an Empfängern. Dabei finden meist weder Individualisierung noch Personalisierung statt. Das bedeutet jedoch auch, dass der Aufwand für die Erstellung dieser Kampagnen im Verhältnis zum Individualmarketing wesentlich geringer ist.

- **Mehrstufige E-Mail-Kampagnen**

Mehrere nacheinander versandte Mailings bezeichnet man als mehrstufige E-Mail-Kampagnen. Die aufeinander folgenden Versendungen erfolgen entweder in festen Zeitintervallen oder sind von vorherigen Empfängerreaktionen abhängig. So ist es möglich, auch äußerst komplexe Kampagnen zu realisieren, beispielsweise mehrstufige Kampagnen nach einem Produktkauf oder Cross-Selling-Maßnahmen

- **Mobile Leserate**

Das prozentuale Verhältnis von mobilen Öffnungen zur Anzahl der öffnenden Empfänger nennt man mobile Leserate. Sie zeigt damit unter anderem an, wie hoch die Anzahl der Empfänger ist, die Mailings auf mobilen Endgeräten öffnet und ermittelt so die Notwendigkeit mobil optimierter Mailings.

Die mobile Leserate berechnet sich wie folgt:

Mobile Leserate [%] = Mobile Öffnungen / Öffnende Empfänger × 100

- **Multipart-Format**

Multipart-Mailings bestehen sowohl aus einer Text- als auch einer HTML-Variante des Mailings. Es steht somit den Empfängern frei, welche Variante sie angezeigt bekommen möchten. In diesem Format werden Newsletter am häufigsten versandt. Der Nachteil von Multipart-Mailings ist, dass normalerweise gleichzeitig zwei Varianten erstellt werden müssen. Inxmail Katalogvorlagen erzeugen automatisch aus der HTML-Variante des Mailings eine Text-Version.

N

- **Newsletter**

Der Newsletter (engl. Mitteilungsblatt) bezeichnet im E-Mail-Marketing ein periodisch versandtes Mailing an einen festen Vertei-

o

lerkreis. Das Versandintervall ist dabei meistens täglich, wöchentlich, vierzehntägig oder monatlich und hängt von der jeweiligen E-Mail-Marketingstrategie ab. Klassische Arten von Newslettern sind beispielsweise Kundennewsletter oder Pressenewsletter.

Einzelne Empfänger sollten bei Newslettern immer die Möglichkeit haben, sich an einem Verteiler sowohl an- als auch wieder abmelden zu können.

O

- **Öffnung**

Wird im E-Mail-Marketing der Inhalt eines Mailings beim Empfänger angezeigt, nennt man dies Öffnung. In diesem Zusammenhang ist die Öffnungsrate eine wichtige Kennzahl.

Ohne die Öffnung ist ein Empfänger nicht in der Lage, sich mit den Inhalten eines Mailings auseinanderzusetzen. Daher ist sie im E-Mail-Marketing so bedeutsam. Besonders wichtig sind in diesem Zusammenhang unter anderem die Betreffzeile, die Absenderadresse sowie die Relevanz der Inhalte.

- **Öffnungsrate**

Als Öffnungsrate (auch Einfach-Öffnungsrate, engl. Open Rate) wird im E-Mail-Marketing das prozentuale Verhältnis zwischen Anzahl der Öffnungen und Anzahl der zugestellten E-Mails bei einem Versand bezeichnet.

Ist die Öffnungsrate hoch, deutet dies vor allem auf eine ansprechend formulierte Betreffzeile hin, die die Neugier der Empfänger weckte. Ebenso wichtig sind die Bekanntheit des Absenders sowie die Relevanz der Inhalte von vorherigen Versendungen.

Die Öffnungsrate berechnet sich aus der Anzahl der Öffnungen im Verhältnis zur Anzahl der zugestellten Mails, also der Versandmenge abzüglich der Bounces. Wichtig ist dabei zu beachten, dass nur Empfänger berücksichtigt werden, die das Mailing mindestens einmal geöffnet oder auf einen Link geklickt haben. Nicht beachtet werden Mehrfachöffnungen.

Folgende Formel liegt der Berechnung der Öffnungsrate zugrunde:

Öffnungsrate [%] = Öffnende Empfänger / (Versandmenge − Bounces) × 100

- **Öffnungs-Tracking**

Es gibt drei technisch verschiedene Arten, die Öffnung eines Mailings zu bestimmen. Allerdings werden nie alle Öffnungen tatsächlich gemessen. Der Grund ist, dass eine Kommunikation zwischen dem E-Mail-Client des Empfängers und dem Trackingserver der E-Mail-Versandlösung stattfinden muss. In der Praxis gibt es daher zumeist die Kombination mehrerer Messmethoden, um möglichst viele Öffnungen zu erfassen.

Zählpixel: Ein für den Empfänger unsichtbares verlinktes Bild, das meist 1 × 1 Pixel groß und transparent ist, wird eingebettet. Allerdings wird die URL des Bildes nicht direkt auf die Web-Adresse, sondern auf die Adresse eines Trackingservers verlinkt. Wird das Mailing geöffnet, zählt dieser den Aufruf und leitet anschließend zum eigentlichen Bild weiter. Dies ist die gängigste Art, um Öffnungen eines Mailings zu messen.

Bildtracking: Natürlich kann auch der Aufruf eines verlinkten Bildes in der E-Mail gemessen werden. Dies funktioniert im Grunde ebenso wie beim Zählpixel. Allerdings ist diese Methode in der Praxis eher selten.

Linktracking: Wenn die Öffnung nicht durch das Aufrufen eines Bildes ermittelt werden kann, ist alternativ die Messung über das Klicken eines getrackten Links möglich. Dies ist notwendig, wenn ein Mailing im Text-Format versandt wird oder wenn der Empfänger die Bildunterdrückung eingeschaltet hat. Grundlage des Linktracking ist es, dass der Empfänger erst einen Link klicken kann, nachdem er das Mailing geöffnet hat.

- **One-To-Many-Marketing**
Siehe Massenmarketing

- **One-To-One-Marketing**
Siehe Individualmarketing

- **Opt-In**
Siehe Anmeldung

- **Opt-In-Verfahren**
Siehe Anmeldeverfahren

- **Opt-Out**
Siehe Abmeldung

- **Opt-Out-Verfahren**
Siehe Abmeldeverfahren

P

- **Permission**

Siehe Einwilligung

- **Personalisierung**

Unter Personalisierung versteht man im E-Mail-Marketing das Personalisieren von Newslettern und E-Mails. Wichtig ist dabei, dass einzelne Elemente in Abhängigkeit zu den Empfängerdaten personalisiert werden. Am weitesten verbreitet ist die Personalisierung der Anrede. Anrede und Nachname, die für die Personalisierung notwendigen Informationen, sind im Empfängerprofil hinterlegt. Fehlen diese Daten oder haben sie einen Fehler, ist es möglich, eine neutrale Alternative anstelle der Personalisierung auszugeben. Der Personalisierung gegenüber steht die Individualisierung. Bei dieser werden die Inhalte eines Mailings jeweils pro Empfänger individuell zusammengestellt.

- **Post Office Protocol (POP3)**

Das Post Office Protocol (POP3) ist ein Übertragungsprotokoll, über das ein E-Mail-Programm des Empfängers E-Mails von einem Server abholen kann. Alternativ kann das Internet Message Access Protocol (IMAP) zum Abholen von Nachrichten verwendet werden. Das Simple Mail Transfer Protocol (SMTP) hingegen kommt normalerweise beim Versand von E-Mails zum Einsatz.

- **Pre-Header**

Die erste Zeile im Nachrichteninhalt einer E-Mail nennt man Pre-Header. Dieser wird, zusammen mit dem Betreff und dem Absender, bei vielen Empfängern in der Vorschau angezeigt. Es ist daher empfehlenswert, im Pre-Header zusätzliche Informationen zum erwarteten Nachrichteninhalt unterzubringen. Nicht optimal hingegen ist es, im Pre-Header einen Link zur Webansicht zu platzieren.

- **Profildaten**

Siehe Empfängerprofil

Q

- **Querverkauf**

Querverkauf (engl. Cross-Selling) bezeichnet im E-Mail-Marketing den Verkauf von ergänzenden Produkten oder Dienstleistungen im Rahmen eines anderen Verkaufs. Es ist beispielsweise möglich, zum Kauf eines Druckers Zubehör wie Druckerpatronen anzubieten. Dadurch lässt sich der Umsatz erhöhen, was wiederum den Erfolg von Newsletter-Kampagnen steigert.

R

- **Robinson-Liste**

Eine Robinson-Liste bezeichnet eine Schutzliste mit Kontaktdaten von Personen, denen nicht ohne Aufforderung Werbung gesendet werden darf. Der Eintrag in eine Robinson-Liste ist kostenlos. Die meisten werbenden Unternehmen respektieren diese Listen. Auch im E-Mail-Marketing gibt es Robinson-Listen. Diese sind in Deutschland allerdings weniger verbreitet als in Österreich.

S

- **Schwarze Liste**

Eine schwarze Liste, auch Negativliste oder Blacklist genannt, enthält die Mailserver, die dem E-Mail-Serviceprovider bzw. Empfänger unbekannt oder nicht vertrauenswürdig erscheinen.

Blacklists filtern server- und clientseitig E-Mails. Befindet sich der versendende Mailserver auf einer schwarzen Liste, wird die E-Mail sofort aussortiert und abgewiesen. Dabei gibt es verschiedene Arten von Blacklists: Unseriöse Absender werden in öffentlichen Blacklists erfasst. Zusätzlich führt jeder E-Mail-Anbieter eigene schwarze Liste.

Wenn eine IP oder Domain eines E-Mail-Anbieters „geblacklisted" wird, ist dieser Eintrag meist gegen eine Gebühr und durch eine plausible Erklärung wieder zu löschen.

- **Sender Policy Framework (SPF)**

Das Verfahren Sender Policy Framework (SPF) soll das Fälschen von E-Mail-Absenderadressen verhindern. Dafür müssen die Computer im Domain Name System (DNS) eingetragen werden, welche zum Versand von Nachrichten dieser Domain berechtigt sind. Das geschieht durch den Domain-Inhaber der Absender-Domain. Nach dem Erhalt einer E-Mail überprüft das Empfängersystem, ob das Versandsystem zum Versand der Nachricht berechtigt war. Wenn die Überprüfung fehlschlägt, kann das Mailing verworfen werden. SPF wird auch von der Spezifikation Domain-based Message Authentication, Reporting and Conformance (DMARC) verwendet.

S

- **Simple Mail Transfer Protocol (SMTP)**
Das Simple Mail Transfer Protocol (SMTP) dient dem Austausch von E-Mails in Computernetzen. Es wird beispielsweise für die Übertragung von E-Mail-Programmen zu einem Server oder zwischen Servern zum Transport von E-Mails verwendet.

- **Single Opt-In (SOI)**
Wird nach der Anmeldung keine zusätzliche Anmeldebestätigung versandt, spricht man von einem Single Opt-In (SOI). Es wird kein Mailing mit einem Bestätigungslink wie beim Double Opt-In (DOI) versandt. Die Anmeldung erfolgt in diesem Falle einzig durch das Ausfüllen und Absenden des Anmeldeformulars.

- **Single Opt-Out (SOO)**
Das sofortige Abmelden vom Verteiler (engl. Single Opt-Out) ist das am häufigsten verwendete Abmeldeverfahren. Nach der Abmeldung erscheint sofort eine Bestätigungs-Website. Dieses Abmeldeverfahren wird als einziges von Inxmail empfohlen.

- **Social-Sharing-Rate**
Die Social-Sharing-Rate setzt die Anzahl der Social Sharings ins Verhältnis zur Anzahl der öffnenden Empfänger.
　Besonders häufig werden sehr relevante und spannende Inhalte von den Empfängern geteilt. Damit ist die Social-Sharing-Rate ein Indikator dafür, wie attraktiv Newsletter-Inhalte tatsächlich sind.
　Die Social-Sharing-Rate berechnet sich wie folgt:
　Social-Sharing-Rate [%] = Social Sharings / Öffnende Empfänger × 100

- **Soft-Bounce**
Siehe Bounce

- **Spam**
Unerwünschte, meist auf elektronischem Wege übertragene Nachricht mit werbendem Inhalt werden als Spam bezeichnet. Die Zustellung geschieht dabei unverlangt, also ohne nachweisbare Einwilligung des Empfängers. Der Vorgang ist daher auch unter dem Begriff „Spamming" bekannt. Der Versender solcher Nachrichten heißt „Spammer".

- **Spam-Filter**
Ein Spamfilter ist ein Programm zum Filtern von elektronisch unerwünschter Werbung (Spam). Diese Filterung geschieht entweder direkt im E-Mail-Programm oder auf dem Mail-Server des

E-Mail-Providers. Möglichkeiten zur Filterung sind unter anderem: Überprüfung des zu versendenden Servers, Überprüfung der E-Mail-Adresse/-Domain des Absenders, Aussortierung nach Header-Inhalten und Filterung anhand der Mailing-Inhalte.

Das Mailing wird dabei anhand eines Scorings gefiltert, bei dem mehrere verschiedene spamverdächtige Merkmale mit Punkten bewertet werden. Die Addition dieser wird mit Schwellenwerden verglichen und lässt einen Rückschluss auf die Spam-Wahrscheinlichkeit zu. Die gängigsten Spamfilter sind „SpamAssassin" und „Sender Score".

- **Split-Test**

Das Testen unterschiedlicher Varianten eines Mailings nennt man Split-Test oder A/B-Test. Dabei wird jeweils nur eine Variable wie beispielsweise Betreffzeile, Versandzeitpunkt oder ein einzelnes Inhaltselement verändert. Das unterscheidet den Split-Test vom Multivariaten-Test. Im Anschluss wird die erfolgreichste Mailing-Variante für weitere Aussendungen verwendet. Als Erfolgskennzahlen gelten dabei z. B. Öffnungs-, Klick- und Abmelderate.

Grundsätzlich gibt es zwei verschiedene Arten von Split-Tests:

Test mit der gesamten Empfängermenge: In diesem Fall wird die Gesamtzahl an Empfängern in mindestens zwei zumeist gleich große Gruppen eingeteilt. Anschließend erhalten diese Mailings mit unterschiedlichen Variablen wie beispielsweise jeweils eine andere Betreffzeile. Im Anschluss wird die erfolgreichste Variante ermittelt und die Erkenntnisse bei späteren Versendungen berücksichtigt.

Test mit einem Teil der Empfängermenge: Bei dieser Art des Split-Tests wird nur ein Teil der Gesamtzahl an Empfängern in zwei oder mehrere gleich große Testgruppen eingeteilt. Jede Gruppe erhält das Mailing anschließend beispielsweise zu einer unterschiedlichen Tageszeit. Die erfolgreichste Variante kann entweder automatisch oder manuell an die Restmenge der Empfängerdaten versandt werden.

- **Stand-Alone Mailings**

Standalone-Mailings bilden das elektronische Gegenstück zum klassischen Direktmailing. Dabei handelt es sich zumeist um einen einmaligen Versand (engl. Standalone) an einen oder mehrere eigene oder fremde Verteiler. Häufig wird dabei ein Entgelt fällig. Eine genaue Zielgruppenbestimmung ist meistens möglich. Ist die Reichweite des eigenen Newsletter-Verteilers nicht groß genug, werden Standalone-Mailings häufig für Sonder-Mailings, Einladungs-Mailings für Veranstaltungen, Bewerbungen von Probefahrten etc. eingesetzt.

T

- **Tausend-Kontakt-Preis (TKP)**

Unter Tausend-Kontakt-Preis (TKP) versteht man, welche Gesamtkosten für das Erreichen von tausend Kontakten bzw. Empfängern notwendig sind. Der TKP berechnet sich wie folgt:

Tausend-Kontakt-Preis (TKP) [€] = Gesamtkosten / Erreichte Empfänger × 1000

- **Telemediengesetz (TMG)**

Das deutsche Telemediengesetz (TMG) regelt die Rahmenbedingung für die sogenannten Telemedien, unter die auch das Medium E-Mail fällt. Als zentrale Vorschrift des Internetrechts ist es auch für das E-Mail-Marketing von besonderer Bedeutung.

- **Text-Format**

Diese Art von Mailings besteht nur aus Text. Sie sind daher in den meisten Clients sehr gut darstellbar und besitzen nur eine geringe Größe. Aus diesem Grund sind Text-Mailings besonders gern gesehen, wenn es vor allem um den Inhalt und weniger um die Gestaltung geht. Daher werden Mailings im Text-Format vor allem bei Double-Opt-In-Mailings, technischen Statusbenachrichtigungen, Pressemitteilungen und wissenschaftlichen Informationen verwendet. Allerdings werden Links in voller Länge angezeigt und es fehlt die Möglichkeit, Farben, Schriftarten oder Bilder zu verwenden. Außerdem ist es nicht möglich, Zählpixel zu verwenden.

- **Tracking**

Die Möglichkeit, die Messung von Kennzahlen eines Mailing im Kontext des E-Mail-Marketings durchzuführen, bezeichnet man als Tracking (dt. Nachverfolgung). Die Anzahl an Empfängern, die ein Mailing geöffnet haben, ermittelt man ebenso durch ein Öffnungs-Tracking wie die Gesamtzahl an Öffnungen eines Mailings. Mithilfe des Link-Trackings ermittelt man die Anzahl an Klicks sowie die Anzahl an klickenden Empfängern.

- **Tracking-Pixel**

Siehe Zählpixel

- **Trigger-Mailings**

Trigger-Mailings werden nach einem bestimmten Auslöser, beispielsweise einem definierten Ereignis oder Datum, versandt. Dabei gibt es zwei Arten von Trigger-Mailings:

Aktionsbasierte Trigger-Mailings: Diese werden bei einem vorher festgelegten Ereignis versendet. Es ist möglich, diese Mailings automatisch zu personalisieren und zu versenden. Trigger-Mailings dienen meist dazu, die Service-Qualität zu steigern und das Vertrauen der Empfänger gegenüber dem Unternehmen zu stärken. Auch ist eine Kopplung mit Umfragen zur Service-Optimierung möglich. Beispiele für aktionsbasierte Trigger-Mailings sind Bestellbestätigungen, Versandbestätigungen und automatisch versendete Rechnungen.

Datumsbasierte Trigger-Mailings: Diese sind regelgesteuerte bzw. anlassbezogene Mails, die einen Bezug zu einem Datum haben. Auch datumsbasierte Trigger-Mailings lassen sich automatisch personalisieren und versenden. Sie haben eine besonders hohe Relevanz für den Empfänger und genießen daher eine besonders große Aufmerksamkeit. Beispiele für datumsbasierte Trigger-Mailings sind Geburtstags- und Jubiläumsmailings sowie Cross-Selling-Kampagnen.

U

- **Umfrage**

Umfragen lassen sich im E-Mail-Marketing dazu verwenden, um Empfänger nach ihrer Meinung zu fragen. Die dadurch gewonnen Informationen können direkt im Empfängerprofil gespeichert werden und bilden so die Grundlage für eine weitere Selektion mittels Zielgruppen sowie Personalisierung und Individualisierung.

V

- **Variable Envelope Return Path (VERP)**

Variable Envelope Return Path (VERP) bezeichnet im E-Mail-Marketing die Technik, unerreichbare E-Mail-Adressen in einem Verteiler zu finden und zu entfernen. Damit ist VERP ein wesentlicher Bestandteil im Bounce-Management und Bestandteil jeder professionellen E-Mail-Marketinglösung. Die Funktionsweise basiert dabei auf für jeden Empfänger unterschiedlichen technischen Antwortadressen.

Diese werden im Feld „Return-Path" (auch „envelope sender" genannt) im Header der E-Mail eingetragen. Tritt bei der Zustellung an eine E-Mail-Adresse ein technischer Fehler auf, wird eine Fehlerbenachrichtigung, eine sogenannte Bounce Message, an die technische Antwortadresse gesandt. Da Bounce Messages keine genormten Inhalte besitzen, können sie nicht immer eindeutig einem versendeten Mailing oder einem Empfänger zugeordnet werden. Durch die Einzigartigkeit der technischen Antwortadresse bei VERP ist eine eindeutige Zuordnung der Fehlermeldung zu einem Empfänger möglich.

Beispiel: Das Versandsystem X sendet jeweils ein Mailing an die Empfänger A, B und C. In jedem der drei versendeten Mailings wird eine andere technische Antwortadresse im Feld „Return Path" des E-Mail-Headers eingetragen: Xa, Xb und Xc. Das Mailing an Empfänger B ist nicht zustellbar, woraufhin durch einen Mailserver eine Bounce-Message an die technische Antwortadresse Xb gesendet wird. Das Versandsystem kann dadurch die Bounce-Message eindeutig dem Empfänger B zuordnen.

- **Versand**

Der Versand, also der Transfer eines Mailings aus dem Posteingang des Versenders zum Empfänger, erfolgt in der Regel durch einen sogenannten Versand-Mailserver. Dieser sendet das Mailing direkt an den Mailserver des Empfängers. Alternativ kann ein Transfer-Mailserver eingesetzt werden, der das Mailing bis zum Ziel weiterleitet.

- **Versandfrequenz**

Unter der Versandfrequenz versteht man, wie häufig und in welchem Zeitabstand ein Newsletter versandt wird. Gängig sind dabei Versandfrequenzen wie täglich, wöchentlich, zweiwöchentlich oder monatlich. Es ist jedoch nicht möglich, eine optimale Versandfrequenz zu benennen, da sie stark vom jeweiligen Verteiler abhängt. Um die maximale Aufmerksam der Empfänger zu erhalten, sollte die Versandfrequenz ausführlich getestet werden.

- **Versandzeitpunkt**

Der Versandzeitpunkt ist der Zeitpunkt, an dem ein Mailing oder ein Newsletter versendet wird. In professionellen Newsletter-Lösungen kann der Versandzeitpunkt geplant werden, sodass die Mailings zum gewünschten Zeitpunkt automatisch versendet werden. Allerdings gibt es keinen optimalen Versandzeitpunkt, da dieser stark von der Zielgruppe und deren Gewohnheiten abhängig ist. Nur im Rahmen des Individualmarketings erfolgt ein personalisierter Versandzeitpunkt für einzelne Empfänger anhand persönlicher Präferenzen.

- **Verteilerliste**

Als Verteilerliste bezeichnet man im E-Mail-Marketing eine Liste von Empfängern, deren Mitglieder mit Mailings angeschrieben

- **Verteilergröße**

Die Verteilergröße gibt die Anzahl an erreichbaren Empfängern in einer Verteilerliste an. Damit ist sie zwar eine Kennzahl für die Reichweite eines Verteilers, aber nicht für die Qualität der darin enthaltenen Empfängeradressen.

W

- **Weiße Liste**

In einer weißen Liste, Positivliste oder Whitelist sind alle dem E-Mail-Serviceprovider bzw. Empfänger bekannten Domains aufgelistet, die vertrauenswürdig sind. Diese werden bevorzugt behandelt. Darum findet in der Regel keine serverseitige Spam-Filterung statt, sodass die E-Mails den Empfängern direkt zugestellt werden. Demzufolge erfolgt die Darstellung von Bildern, Links und weiteren speziellen Elementen sofort.

E-Mail-Anbieter greifen in der Regel auf öffentliche Whitelists zurück. Die bekanntesten Anbieter hierfür sind die Certified Senders Alliance (CSA), Return Path und TrustedDialog. Für den Eintrag in die öffentliche Whitelist muss der Versender seine Authentizität sowie Best-Practice-Beispiele nachweisen. Der Empfänger kann eine clientseitige Spam-Prüfung außerdem umgehen, indem er dort eine eigene Whitelist einrichtet.

- **Whitelist**

Siehe Weiße Liste

- **Whitelisting**

Siehe Weiße Liste

Z

- **Zählpixel**

Ein Zählpixel oder Tracking-Pixel (engl. Tracking Bug oder Web Bug) ist eine Grafikdatei, die zur Messung eines Mailings im HTML- oder Multipart-Format dient. Dieses transparente Pixel wird im Mailing platziert, aber erst nach der Öffnung von einem

Server heruntergeladen. Dieser Abruf wird registriert und anschließend durch die E-Mail-Marketinglösung ausgewertet.

Keine Messung findet hingegen statt, wenn der Empfänger das Nachladen von Bildern eines Mailings in seinem E-Mail-Programm deaktiviert hat. Auch bei Text-Mailings kann keine Öffnungsrate gemessen werden, da sie keine Bilder enthalten. Allerdings gelten Mailings auch als geöffnet, wenn der Empfänger auf einen Tracking-Link klickt.

- **Zustellrate**

Die Zustellrate gibt das prozentuale Verhältnis zwischen der Anzahl der zugestellten E-Mails und der Versandmenge an. Die Zustellrate ist damit das genaue Gegenteil der Bouncerate und sollte dementsprechend möglichst hoch sein.

Die Zustellrate berechnet sich wie folgt:

Zustellrate [%] = (Versandmenge – Bounces) / Versandmenge × 100

The manufacturer's authorised representative in the EU is Springer Nature Customer Service Centre GmbH, Europaplatz 3, 69115 Heidelberg, Germany. If you have any concerns regarding our products, please contact ProductSafety@springernature.com

Printed and bound by CPI Group (UK) Ltd, Croydon, CR0 4YY

23/03/2026

02076396-0019